知识制作人

七项修炼与成长阶梯

章永宏◎著

人民邮电出版社

北 京

图书在版编目（CIP）数据

知识制作人：七项修炼与成长阶梯 / 章永宏著. --
北京：人民邮电出版社，2023.1
ISBN 978-7-115-59914-8

Ⅰ. ①知… Ⅱ. ①章… Ⅲ. ①知识传播—研究 Ⅳ.
①G2

中国版本图书馆CIP数据核字(2022)第155940号

内 容 提 要

互联网催生了知识平台，催熟了知识付费。两个严峻的时代命题等待传统知识工作者解答：好事坏事？何去何从？

本书作者以 30 年书业经验为基础，以 10 年互联网实践为依托，提出了知识制作人的核心概念，为上述命题提供解决方案：融合新媒体与旧媒介的边界，化解现代技术与传统技能的矛盾，依赖于知识制作人的成长。

全书共分 3 篇 11 章，分别回应知识制作人的三大成长问题：从何而来？成为什么？去往何处？一位卓越的知识制作人，必须经历专业理念的建立（上篇）、七项技能的修炼（中篇）、三种角色的转变（下篇），才能画出美妙的职业曲线。

不管你正在从事还是准备从事知识制作工作，无论你在传统行业还是新兴媒体领域，都能从本书中找到工具、方法和思想上的启发和共鸣。

◆ 著　　　　　章永宏
　　责任编辑　贾鸿飞
　　责任印制　王　郁
◆ 人民邮电出版社出版发行　　北京市丰台区成寿寺路 11 号
　　邮编　100164　　电子邮件　315@ptpress.com.cn
　　网址　https://www.ptpress.com.cn
　　北京九州迅驰传媒文化有限公司印刷
◆ 开本：720×960　1/16
　　印张：12.5　　　　　　　　2023 年 1 月第 1 版
　　字数：151 千字　　　　　　2024 年 12 月北京第 4 次印刷

定价：59.90元

读者服务热线：(010)81055410　印装质量热线：(010)81055316
反盗版热线：(010)81055315
广告经营许可证：京东市监广登字 20170147 号

捧读这本书，几乎一气读完。这是怎样的一部著作？此书首先给我带来震撼的就是我不知如何给它归类的新奇感与惊愕。从核心内容来看，它应当算是关于出版的研究，但它所涉及的又怎么可能如此狭窄？历史、文化、传播、社会……无所不包；从表达方式来看，它既有严谨的学术推论，又有生动的人物故事，还有灵光闪闪的夹叙夹议……社科研究？新型教材？随笔读物？似乎都有一点儿像，也都不完全标准，很难给这本书一个特别精准的定位与归类。从这一点来说，我就断定这是一部具有创新意义的非常特别的著作。

当然，最值得推崇的还是本书给我们带来的全新命题、观念与极具穿透力的判断。

知识制作人，无疑是作者贡献给我们的最亮眼的新概念。作者从"知识传播如何可能"开始破题，对知识与信息、经验、智慧等相关概念做了深入的辨析，同时从上下几千年、纵横几万里，古今中外涉及知识生产与传播的人物、故事开掘，进而提炼出从孔子直到当今知识贤达深具共性的特质，具有这些特质的就是知识制作人。

具体说来，知识制作人又可以分为具有高度文字能力、技术能力、沟通能力的作品审稿人，具有高度市场眼光、策划能力、执行力的产品策划人，具有高度战略洞察力、整合能力、领导力的产品经理人。这一观察、发现与表述，如此清晰透彻，把我们熟视无睹、藏在知识背后的那些重要推手置放在知识生产与传播的大流程中予以集中探究，并加以提炼，从而把知识制作人这一影响人类文明进步的独特重要力量推到前台，尤其在信息爆炸的今天，这一提法颇具现实意义。

新科技革命正在改变着我们的生活方式与生活景观，改变着我们的知识生产与传播的方式，改变着我们学习与运用知识的方式。在互联网的推动下，大数据、云计算、人工智能、区块链迅猛发展，5G新环境逐步搭建起来，我们面临的生活景观与知识景观将获得革命性的改变甚至重构。如何面对这一全新的世界？如何在新科技革命挑战中保持与时俱进的生存发展能力？本书提出，知识制作人将为我们揭晓步入新环境、新生活，尤其是获取新知识的路径。作者沿着这一命题构建出的知识制作五原则——用户价值原则、原创原则、品质原则、聚焦原则、创新原则，以及知识制作人"七项修炼"——算法、定位、资源、整合、跟进、运营、创新，既富于经验性，又富于学理性，令人深思，读来备感脑洞大开！

章永宏先生学术背景极佳，先后就读于武汉大学、南京大学、复旦大学，是新闻传播学博士，同时他长期在高校出版社供职，本人主编的《电视节目策划学》在他的精心策划与运营下，修订到第三版，印刷了20多次，并多次入选国家规划教材。没想到这么一本所涉领域相当狭小的教材，经他妙手处理后，竟有如此令人惊异的成绩。疫情期间，他又对方兴未艾的网络视频做了专门研究，向我提出了写一本《网络视频节目策划》的新教材，这一"金点子"立马激发了我们。我和团队几位年轻人迅速行动起来，很快完成了写作。感念他的"金点子"与"妙手"——将我们这些学者、学子统合起来，释放出连我们自己都想不到的知识传播力。这么说来，永宏博士不正是一位有创意、有能力、有成就的"知识制作人"嘛！

我相信，汇聚了永宏博士的知识素养、出版经验、深入思考的这本著作，一定会给读者尤其是知识制作行业从业者带来多样的启发。

北京电影学院副校长、教育部长江学者特聘教授　胡智锋

自序

时代变了，变快了，变复杂了，变得不确定了。与图书打交道三十多年，这是我最强烈的感受。

造成变化的一股主要力量是信息技术革命。无处不在的互联网与新媒体，到底对我们和世界有多大影响？也许没有人能回答，但我确定，每个人都感受到了它的力量。

拿读书来说吧。最早是在图书馆借阅，后来自己到书店购买，再后来通过电商平台下单。现在，不少人下载了微信读书 App 后，就极少买纸书了。在这类 App 里有海量的图书品种供你选择，如果读得多，可以换成积分，之后不用花钱就能读。不仅如此，你还可以复制、收藏、发表意见、跟朋友讨论。有了这些功能和体验，人们似乎找不到买纸书的理由了。

微信读书只是微信生态的一部分，微信生态的基础是超过十亿的用户。所谓生态，就是自然进化出来的"生命系统"：微信构成基础设施，微信读书生长于其上。微信读书似乎并不挣钱，而是为微信生态赋能：更多的用户、更多的交互、更强的联结，直到每个用户都难以摆脱。

创造生态，大概是每家互联网公司的梦想，也是投资机构的"算盘"。自所谓"知识付费元年"（2016年）提出以来，大量资本进入知识行业，催生了一批知识平台。知乎、喜马拉雅、得到等是其中的佼佼者。公开资料显示，2021年，大大小小的知识平台有数十家。所谓平台，是指为供需各方（不仅是双方）匹配交易的系统。平台的目标是生态，方式是汇聚与交互。

知识平台蓬勃发展，新概念、新模式层出不穷。UGC、IP、爆款、定制、精准传播、社群运营、算法推荐、免费、流量、端对端……到底发生了什么？新形势对传统知识制作机构有什么影响？最近十年，这些问题一直挥之不去。

在看不清趋势的时候，行动大概是消除不确定性的最佳方式。十年前，我联系过一家个人专业网站，其在业内颇有名气，内容、作者资源相当丰厚，我们当时谈妥了合作方案，但合作因不可抗力无疾而终。六年前，公众号兴起之际，我一口气注册了两个号，靠个人组稿、发布、运营，苦于时间和经费短缺，最终放弃。再后来，我到其他平台试水，做过个人账号，开发过课程，尝试过讲书，深刻体验到一得一失。"一得"是，平台大势所趋，玩法变了；"一失"是，个人再努力，基本徒劳无功。对于前面的问题，自己也有了粗浅的答案，即面对平台化趋势，传统知识制作机构只能顺应，或早或迟。

怎么顺应？不断探索。有变革意识的传统机构一直在努力。从发行的线上化，到构建融合出版体系，再到共享出版计划，或多或少都有了成果。然而，由于机构的复杂性，变革艰难、挑战巨大。其中，最难的部分莫过于人的认知和习惯。

组织理论大师——从约翰·科特到沙因——指明了变革的成功标准：一种新的组

织文化。而组织文化被界定为共同的思维和行为方式。也就是说，只有当新的思维被大多数人认同并自觉实践时，新的组织文化才算形成，变革也就成功了。

换个角度看，变革之所以未能开启或半途而废，根源在过去的思维方式和行为习惯。请诸君扪心自问，有没有意识到自己困在过去的意识中？困而不知与困而知之，代表了截然不同的境界：守成与创新。大变局中，哪一种态度更有未来？答案不言而喻。

个体与个体不同，个体与集体不同，集体与组织不同。一个人很难对群体或组织负责，反过来也一样。当变局来临之际，最靠谱的做法是对自己负责。当越来越多的个体承担起探索、创新、变革的责任时，则群体规模增大，组织生机焕发，新文化得以形成。文化的形成是由己及人、积少成多、由弱变强的传播过程。基于这一点，个体的变革、成长才成为本书的主题。

顺应变局，大体上有两种策略：另起炉灶与渐进转化。前者强调新建，后者强调重构。对个人成长来说，只能重构，因为你无法摆脱过往，你要做的是积极参与，探索新知。从知识产品的角度看，期刊、公众号、讲书、课程、知识秀等，都未能超越古老的图书。论及知识的含金量、复杂性、结构化、专业度，图书仍是多数人的首选。事实上，图书可以对抗知识平台的副作用：碎片化、快餐化、娱乐化。正因如此，本书大量引用图书案例，是为了传递两条信念：图书制作经验对其他知识产品一样有效；编辑核心能力在平台时代依然管用。

当然，平台时代呼唤新能力。拥有这些新能力，编辑才能转变为制作人。转变即成长，正如英文对人的称谓"human being"——人是生成的过程。本书论及的七项能力，是我眼中的优秀制作人"应该"拥有的技能，包含传统和现代的技能。正是这些技能驱动着知识制作人的职业发展，这也是本书最后的主题。

亲爱的读者，如果您读到此书，希望没有浪费您的时间。如果有兴趣交流，可以发电子邮件至 fdroach@126.com，也可以给本书的责任编辑发送电子邮件，邮箱地址为 jiahongfei@ptpress.com.cn。

上篇 知识时代的崛起

2020 年，知识付费市场爆发，市场规模高达 392 亿元，用户数量达 4.18 亿。往前 4 年，也就是 2016 年，这个市场才刚刚出现，得到、知乎、喜马拉雅以平台方式提供知识、收取费用，因此 2016 年也被称为知识付费元年。

从免费到付费，在线知识行业走过了二十余年。1995 年，我国第一本电子杂志《神州学人》线上出版。以新浪、搜狐、网易、腾讯为代表的门户网站兴起之后，内容平台就作为主流之一，与后起之秀社交平台、电商平台一起，如"三原色"一般共同绘制着互联网图景。

往前一百年，传统大众媒体——图书、报刊、广播——承担着知识传播的社会功能。再往前，只剩下了书：知识记载于各种物理载体之上，延续数千年。

每一次载体革命，都是一场知识传播的"狂欢"。这一次，来得更加猛烈，许多问题在空中回响：信息时代还是知识时代？知识虚假繁荣时代还是知识真正的黄金时代？挑战还是机遇？什么变了什么没变？……

对这些问题的思考与解答，决定了知识制作人职业成长的大命题：何去何从？

一、时代的黄金

21 世纪最贵的是什么

电影《天下无贼》中，葛优出演的老贼黎叔故作神秘地问：21 世纪什么最贵？半晌自己答道：人才。这个场景成了经典，黎叔的问题则成了名言。

21 世纪最贵的是人才吗？难道 20 世纪、19 世纪不是？又是什么样的人才呢？回答这些问题，需要将时间的刻度拉长。世纪——100 年——是社会发展的时间刻度。时间的大刻度带来空间的大视野，往往能揭示出稳定的深层力量。

美国科学家迈克·哈特写过一本书《影响人类历史进程的 100 名人排行榜》，记录了人类历史上最杰出的人才。排名前十的名人中，有两位科学家（牛顿和爱因斯坦）、两位发明家（蔡伦和古登堡）。他们的地位代表着"知识就是力量"——这句出自 16 世纪的哲学家培根的名言，对抗的是统治了欧洲近千年的神学家——一个垄断了知识的群体。他的另一句名言更加直接：真理是时间的女儿，不是权威的女儿。当时匍匐在宗教脚下的民众，实际上被剥夺了追求真理的机会。

将人类带入现代社会的正是培根所述的"知识"：基于经验、理性和科学获得的认知，区别于直觉、神秘、不加质疑的宗教体验。由此，科学与理性开创了"现代"社会，直到 21 世纪。

这里有一个极为重要的区分。两千年前在古希腊、古罗马就如此繁荣发达的知识发展与传播为何会中断，让欧洲陷入长达千年的低潮期？一个关键原因就是技术的落后。而造纸术与印刷术的发明，拆除了知识垄断的壁垒，为知识传播插上了翅膀。正如马克思所说：理论一经群众掌握，也会变成物质力量。理论知识的传播，不仅解放了头脑，而且释放了创造本身。

知识的力量不仅在于原创，更在于传播。当某种原创思想经由技术革命传递给更为广泛的人群时，受过教育的人们将创造出更多的知识。哈特列举的一百位名人中多数是如此，传播的力量让他们的影响力跨越时空，经久不衰。如果没有记录源自古希腊、古罗马的知识的载体，没有快速复制的印刷技术，文艺复兴以及随之而起的科学大发现或许不会发生。正是依托于蔡伦的造纸术、古登堡的印刷术，知识插上了翅膀，飞入了千家万户。因此有媒介学者认为，不是知识而是传播技术将人类从黑暗中拯救。

到目前为止，传播技术发生了五次革命。

语言让人类有了经验共享的能力，使交流的效率得到大幅度的提升。通过传诵，前人的文化得以传承。但是，记录依然困难。

文字的发明，极大地提升了知识和经验的记录与传播能力，借助于工具——记录载体和书写工具，人类的文明得以跨越时空。

印刷术的发明将书写的发展推进到全新阶段——印刷传播。印刷的速度之快、质量之高、成本之低，将知识传播发展为一个独立产业并惠及所有人，极大地推动了知识教育的平民化和大众化，为现代社会的诞生创造了条件。

以广播和电视为代表的电子传播，真正实现了无处不在的传播，大幅突破时空界限。电子手段让知识脱离有形载体，跟随电波瞬间触达所有地点，也复兴了古老的口语传播。

互联网则整合了以往所有的传播形式，让任何人、任何时间、任何地点传递任何信息成为现实，而且它的快速进化——从 PC 互联到移动互联，再到万物互联乃至"人机互联"——让传播如空气一般，成为人类的生存条件之一。传统技术克服物理时空限制，互联网创造了新的时空。

伴随着传播革命，以信息的爆炸式增长和无远弗届的传播能力作为标志，人类社会步入了信息时代。当信息极度丰裕，新的问题随之出现，比如，信息如何存储、分析、计算、传播、应用和创造？新问题总有新方法：大数据、云计算、人工智能、5G、区块链……新技术的涌现创造了全新的环境，将人们包裹其中。

信息过剩与知识冗余也带来了新挑战。怎么辨认信息的真假？如何找到需要的知识？如何保护著作权和隐私……新产品应运而生：搜索引擎、口碑网站、算法推荐……你需要的以及不需要的，瞬间送到你的眼前。

如果将知识的历史视为一条长河，在上游，无论知识的生产还是传播，都如涓滴溪流；而在下游，已成滔滔洪流。站在洪流中的今人，回望溪流边的古人，冷暖甘苦，各自体味。比如，丰富与匮乏依然存在：彼时匮乏知识，丰富的是想象力；此时匮乏的是原创，丰富的是重复信息。便利与障碍一样明显：彼时的便利是时间，障碍是传播；此时的便利是传播，障碍是时间。创造与分享各有优劣：彼时的创造缓慢艰难，分享依靠面对面；此时的创造快速简单，交流可以端对端。无须是古非今，更不必厚此薄彼，在知识长河之中，其实并无古今彼此的分别，只有永不停息的流动，推动着社会的发展与时代的进步。

大尺度的时空回溯，总是引发无尽的虚幻感。个体渺小如沙粒，微茫不可见。

所有影响人类进程的伟大人物，他们的成就本质上是让人类有了新领域、新思想、新发现——这些将人类带入了新境界，创造出新时代。人类文明的进程映射的正是知识的变迁过程：过去的经验认知建构了人类的世界，以至于当新知识出现时，认知冲突不可避免。在冲突与争执中，谬误被修正，真理被传播。

个体认知亦如此。人们从小接受教育就是学习这个世界的"已知"：关于自己的、社会的与自然的知识。资质、投入、时间和经历，决定了个体知识的贫富，构成了"自我"——自己的世界。这个世界的边界之内，是个人的"已知"，边界之外，则是"未知"的世界。所以，自我在已知之内，真理在已知之外。

已知稳定不变，因而让人感到安全且舒适，拒斥挑战与变化。变化能躲开吗？当时过境迁，已知成了痛苦的根由。儒家经典《大学》有言："苟日新，日日新，又日新。"它呼应的正是中国哲学源头——《周易》——的世界观：天行健，君子以自强不息。所谓君子，代表的正是不断否定自我、不断进步的精神气质。

生生不息谓之易。如果变化是唯一的不变，那么如何适应这一永恒的宇宙法则？获取新知是必由之路。然而，新知总会背离已知、挑战舒适，制造不适与痛苦，甚至有人因此付出巨大的牺牲。布鲁诺坚持"日心说"，却被宗教权威烧死；王阳明悟得心学，却遭受围剿陷害……探索新知的先驱，除了极少数，无不为自己的探索与传播承受了巨大的风险和牺牲。他们探索的未知领域都关涉人类整体而非自身，他们开创的知识体系给了人类一个新世界。

勇气是探索的必要条件。打破旧世界，建立新世界，从未知走向已知，充满了挑战：不确定、不安全的恐惧感是最深重的阻碍。在动物的进化过程中，恐惧扮演着至关重要的角色。在某种程度上说，基因是写入生命的知识，可以让物种延续——对生存的渴望也是对死亡的恐惧。恐惧与生俱来，与死相随。难怪恐怖小说大师洛夫克拉夫特说："人类最古老而强烈的情绪，便是恐惧；而最古老最强烈的恐惧，便是对未知的恐惧。"

直面恐惧，依赖于信念和意志。信念是一种超拔于私欲的信仰，可以带来纯粹强劲的意志力，使人们能够克服艰难险阻，上下求索。千百年被世人敬仰的人杰领袖，无不有着求真的信念、探索的勇气、百折不回的坚韧。如果没有这些内心的力量，我们依然活在过往的阴影中，就不可能跨入新的疆域。可以说，知识是结果，探索的信念和求真的勇气才是原因。

英国ITV曾经拍摄过一部很有名的纪录片《人生七年》，追踪了14位儿童从7岁到56岁的人生，每隔七年访谈一次，记录他们的状况。结论令人惊异：对人生影响最大的因素有两个，一个是家庭出身，一个是教育。家庭出身决定了开始的状况，而教育决定了后来的道路。背后的因素是一样的：知识的拥有程度。在获取知识的资源和机会上，贫富家庭之间存在着差异。尽管一个人不能选择家庭出身，但可以选择继续学习，这足以让他们具备改变人生的能力。

知识就是力量。只有拥有求真的信念、求变的勇气，才能创造机会，改变人生。这也是你我都要寻找的"黄金"，任何时代都一样。

知识是什么？

知识是什么？这个问题，与人类一样古老。

从词源看，"知识"源自希腊文 episteme，即 epi（上面）+steme（站立），后来又派生出英语里的 understand（理解）。将 understand 拆分，得到的是 under（在下面）+stand（站立），意指"站立"的世界之下存在可以被理解的东西。

这与 metaphysics（形而上学）异曲同工，meta 是超越，意为"之上或之后"，physics 是物理世界或自然世界，而"物理之上"或"自然之后"即形而上学。

理解（understand）与形而上学（metaphysics）都涉及两个要素：物理世界，以及物理世界背后的东西——知识（epistemology）。由此可知，知识是关于世界的形而上学的理解。这个世界包括自然、社会和人自身。

比如，因纽特人生活在冰天雪地的北极圈，他们如何判断时间的变化呢？冰雪是他们的"计时器"，据说因纽特人关于雪的词语多达几十个。样态不断变化的冰雪，成了他们理解世界的工具。再如，叔叔、伯伯、表叔、堂叔、舅舅翻译为英文时，都是同一个词 uncle。为什么英文词语无法表达我国复杂的亲属关系？这大概与中国的伦理文化密切相关：家族中的辈分、等级、亲疏、远近对个人的生活影响巨大，因此汉语发展出了复杂的表达体系，帮助人们理解亲属关系。

可见，知识服务于人的需要，产生于人与世界的交互过程。比如关于"火"的知识：幼童不知道火为何物，玩火烫伤了自己，于是知道了火的知识：火容易伤人。通过持续实践，人类对"火候"的掌控越来越熟练，关于火的知识越积越多，"玩火"的技艺更加精湛。随着"用火"知识的传播，人们可以"玩火"而不会自焚。

知识源于生活实践，但并非关于世界的所有表征都是知识。比如，你准备出门，看到乌云密布，听到狂风大作，感到闷热难耐，这些关于自然界的感知属于信号范畴。根据此时此地的这些信号，你做出了一个决定——带上雨伞。你将这些信息集中起来，对它们进行综合分析，得出了结论——可能会下雨。

知识≠信息，知识是对信息的理解。当乌云、大风、闷热几种信息同时出现，就构成了下雨的条件，这种关联性通过个人经验可以获得，也可以通过学习他人的知识获得。也就是说，知识既源自个人，又来自他人。假设一个孩子，同样遇到这几种信息，并不知道它们的意指，父母会告诉他带伞以及缘由——借助这一场景，父母将经验和知识传授给孩子。

信息被定义为消除了一切不确定后剩下的东西，也可以反过来说，这种定义与事物确定性的增加有关。你可以尝试回答一下：我是谁？拿出一张纸，尽可能多地写下关于自己的描述。

我是人

我是中国人

我是学生

我是男性

我是汉族

……

列出的描述信息越多，你对自己的了解就越深、越确定。

人类需要确定性，可以追溯至物理世界的演化规律：不可避免地从有序走向无序。这就是热力学第二定律，又称熵增定律。对所谓熵，最简单的理解就是混乱程度。假设你生活在一个原本整洁的房间，一个星期不打扫，房间必然乱成一团，这就是熵增。熵增赋予了时间方向，一切不可逆转。在信息论中，熵指代信息量：信息量越大，可能性越小，不确定性越低。在不同信息之间建立关联并做出解释的就是知识，因此，知识是结构化的信息。也许可以这样理解，知识可以对抗熵增。

有一个故事颇有意思。公元前 6 世纪，两个敌对的王国——米底和吕底亚——打仗打了整整五年。有一次，双方交战正酣，天色突然暗淡下来，悬挂半空的太阳被一个黑影一点点蚕食，直到大地陷入黑暗。双方吓坏了，以为得罪了神明，便休战和好。据说，开战之前，有一位天文学家泰勒斯早就预测出这次日全食，为了平息战争，他曾宣称如果继续战争，必遭天谴。

信息是知识的原材料，中间的形态是经验。比如庖丁解牛，其神奇的刀法是千锤百炼之后形成的经验直觉。如果你想拥有庖丁那样出神入化的刀法，也需要经历漫长的训练。当然，如果庖丁愿意写本书，将刀法写成秘籍或者开堂讲授，你有幸成为其入室弟子，也许用刀的功夫能迅速长进。对庖丁来说，写书或讲课，就是将经验总结为知识的过程。借助于图书或课程，知识可以进行复制和传播。因此，经验只属于个体，知识属于群体。

知识≠经验。做这样的区分颇为重要。关于知识，柏拉图有一个著名定义：

知识是被证明为真的信念。

该定义包含三个要素：证明、真的、信念，缺一不可。每一个要素都有意思相反的词语：不证、假的、妄念。从信息抽象为知识，经验起到了"证明为真"的作用。经验的缺乏恰恰是知识丰裕后的一大弊病。人们通过学校教育、广泛阅读了解到海量知识，却无法转化为现实力量，正是缺少了将知识转成经验的能力。只说不练、纸上谈兵、对空言说，其实都是知行分离的表现。

分享一个我自己的例子。过去三十年中，《论语》我读过多遍，几乎每过十年都有一次理解上的质变。

三十年前我还在读大学，对《论语》的理解仅限于古代汉语中的节选，当时只是为了考试，将文言文翻译成白话文，了解的都是字面意思。

二十年前，我对哲学产生了兴趣，就开始完整地读《论语》，对它的理解更多地来自一些哲学书作者如冯友兰、胡适的解读。这一阶段，我将《论语》视为先秦思想的一派——儒家思想——的源头。

十年前，我接触到南怀瑾的《论语别裁》，发现他的解读与众不同，不像学术派，更不是鸡汤文，而是与心性、修身相连的生命体悟。这对我的冲击很大，但内心却无法接受。在受过几十年现代科学的教育之后，一个信念在我心中早已扎根：心性之学等于迷信。

直到自己步入中年，有一个问题始终挥之不去：人生的意义是什么？人生有没有目的？当年对哲学的兴趣其实也是源于这个问题，到了中年之后，我对这个问题的探究变得更加积极。

后来有人推荐了王阳明的《传习录》。书中记录的王阳明与弟子的大量对话，许多内容涉及修习之法。这种直觉体悟的方式，与自己的理性思考方式——逻辑、推理、分析——背道而驰，看得人莫名其"妙"。

机缘巧合，有一年秋天我去了浙江天台山，这里以佛教天台宗而负盛名。我住在山中的天台宾馆，晚上，一个人出来散步，周遭寂静无声，夜凉如水，唯有山风明月相伴。就在一刹那，心便静了下来，头脑格外清晰——《论语》《传习录》中原本不可言说的那些话，似乎贯通了。

这次经历让我产生了困惑：知识真的越多越好吗？读书越多越聪明吗？事实并非一定如此。从书本中、互联网上获取的种种"知识"，不经个人实践，便不会真正拥有。人生学问，尤其如此。

知行合一才能"信"。这与柏拉图的知识定义何其相似：被证明为真的信念。身体力行、勤勉实践之后，知识才能转化为智慧。

知识≠智慧，两者中间隔着学习和经验——"学＋习""经历＋验证"。智慧就是经你确认并相信的知识。苏格拉底、孔子都没有留下文字，或许意在告示后人：真知源于生活，必须回到生活。

人无信不立。这样一段推演或许可以证明"A 知道某事 P"有三个条件：

P 为真

A 相信 P 为真

A 有合理的理由相信 P 为真

上面的推演展示知识、信念与证明之间的关系，也构建起知识的三个基本领域：是什么？怎么样？为什么？架起三者关联的正是"相信"，且以"合理的理由"。

知识产品三要素

请思考这样一个问题：一个人的所思所想如何能被另一个人知晓、理解、认同？这一问题翻译成哲学命题就是：知识可能如何传播？

著名的传播理论家彼得斯写过一本书《对空言说：传播的观念史》，英文书名更能表明其观点：*Speaking into the Air*。我戏称之为"说话如朝天放枪"。这是彼得斯站在高处，俯瞰人与人之间"心与心交流"的古老愿望，在各种媒介的影响下变得虚无缥缈时的体验。如果不借助媒介，人们还能交流吗？

仔细体悟《道德经》中老子的一段说"法"：

道可道，非常道；名可名，非常名。

无名，天地之始；有名，万物之母。

故常无欲，以观其妙；常有欲，以观其徼。

此两者同出而异名，同谓之玄。

玄之又玄，众妙之门。

……

……

有物混成，先天地生。

寂兮寥兮，独立而不改，周行而不殆，可以为天下母。

吾不知其名，强字之曰道，强为之名曰大。

　　道、名，常道、常名，无名、有名，老子的这一系列区分便是本体论（道）与认识论（名）的分离；两者原本一体，"同出而异名"。老子的意思翻译成现代逻辑大致如此：有一个东西，是自然之为自然（自然而然）的法则，叫作道；因为不知道怎么称呼它，就勉强起了个名字，叫作"大道"；没有命名的状态是天地的起始，有了名字的状态则是认识万物的开始。这段颇为"烧脑"的文字，陈述了一个极为重要的哲学思想：如果没有名（或称"符号"），便无法认识道（自然这一本体）。换言之，有了名，便有了关于万物的知识。换作彼得斯的说法，世界借助媒介才得以显现，而媒介的本质则是联结的中间物——用来联结人与自我、人与人、人与自然。

显然，知识也是一种媒介。从产品角度看，知识由三个要素构成：

$$知识 = 内容 + 介质 + 媒体$$

所谓内容，是关于对象的认知，认知基于人的感官系统——眼耳鼻舌身——的运作，通过符号体系——文字、图片、声音、影像等——被呈现。这些符号经由各类媒体——纸张、收音机、电视机、计算机等——被记录、复制、传播。由此，知识可以完整表述为：

$$知识 = 感知内容 + 符号介质 + 传播媒体$$

将媒介——传播媒体 + 符号介质——单独拎出来研究，对于知识制作人来说意义重大。麦克卢汉的名言"媒介即讯息"揭示了媒介对知识的巨大影响：作为载体的媒介不同，知识的形态、质量、传播和影响差别巨大。

以图书为例，现如今至少有纸书、电子书这两种形式。尽管内容一样，但呈现方式、阅读方式和消费形式差异不小。电子书有多种格式，有纸书的各种格式的电子翻版，也有基于 Kindle 的 azw3 版本，还有适合手机阅读的版本。便利程度也不同，比如出差时，带上两本书已经颇为不易，但如果有 Kindle 阅读器，等于随身携带了一座图书馆，如果直接使用手机阅读，则几乎可以在任何场景下进行。

不仅如此，智能硬件的嵌入还改变了图书的消费方式。比如听书，一些通俗易懂、故事性强的图书变成了有声图书，一些艰深难懂的知识性或思想性强的图书变成了讲书音频，供人们在碎片化时间聆听，比如睡觉前、乘坐地铁时或开车时。区分知识的内容与媒体，立刻可以发现，作为产品的知识具有广阔的传播空间。

千百年来，知识产品的三个要素发生了巨大的变化。无论是内容的积累、介质的变化，还是媒体的进化，都对知识的生产、记录、存储、复制造成了革命性的影响。最近的一两百年，科学发明与知识积累的爆炸式增长，报纸、广播、电视等大众媒体的出现，将知识传递到社会各个阶层和角落。报纸被视为开启民智的利器，广播电视成为社会教育的主渠道，而创造了知识海洋的互联网则将人类带入知识普惠时代。

媒介革新与知识积累共同推进了知识产品的进化。口语时代的演讲、朗诵会在印刷时代被图书、杂志等大规模复制的图文形式所替代。电子技术开辟了视听产品时代，知识产品形式更加多样，传播更为迅速，"通信网络＋接收终端"成为基础架构。在数字化浪潮中，以往所有的知识产品都被复制和再现。不仅图文、音视频等形式，连图书馆、学校等场所都整体被搬上了互联网。

知识传播成为有利可图的行业，吸引了更多人加入知识的生产与复制。人们将知识加工成各种形态，在各种形式的流通中获益。从早期的私塾、书院、学堂到现代的学校、培训机构、研究机构，从图书到课程、专栏乃至现在的网络付费产品，在阅读、学习和教育的名义下，知识的生意如火如荼。继制造、能源产业之后，知识行业成为经济增长的主要驱动力之一。

在知识经济中，知识既是生产要素，也是直接产品，还是人才要素。德鲁克曾经提出知识员工的概念来区别于科学管理时代的劳动力（体力工作者）。知识让劳动者变成了有思想、有追求、有创造力的独立主体。对个体来说，工作占据了人生中的主要时间，加上为此所做的前期教育准备，人的一生都在学习和应用知识。

知识经济由全部的知识交易构成，存在三个基本要素：提供者、产品（服务）、消费者。三个要素决定了知识的三种形态：作品、产品与商品。作品由原创者创作，知识处于开发阶段；产品由制作者加工，知识处于生产阶段；商品由贩卖者负责交易，知识处于流通阶段。知识在各个交易环节不断变换角色，形成了知识产业的三大板块——知识开发、知识生产与知识传播。

知识产业遵循市场规律，供求关系极大地影响着知识的生产与消费。在供给侧，知识产品的品种、产量受制于生产能力、资本等要素的影响，在需求侧则受消费者的时间、偏好、金钱、受教育程度的影响。产业之外，更加宏观的因素如经济、法律、文化也是深刻的塑造力量。在当代，技术的力量更为惊人：在各种知识平台，从知乎到百度百科，从免费的到付费的，从大众的到专业的，从 PGC（professional generated content，专业生产内容）到 UGC（user generated content，用户生产内容），知识的生产和传播无所不至，一刻不停。在互联网时代，最不缺的是知识，最缺的是有价值的知识——价值不由提供者决定，由消费者的时间和金钱决定。

面对市场重心从生产者向消费者转变，消费方式从付费向免费转变，知识从作品到产品再到商品进行转变，以知识为业的人们，该作什么样的转变呢？

二、知识制作人的崛起

知识制作人是谁?

知识制作人的出现由来已久,在我国可以上溯至孔子。"祖述尧舜,宪章文武",孔子对上古文献述而不作,编纂五经,是我国文化发展的一大先驱。迄今为止,大概没有哪位知识制作人的贡献能超越孔子。孔子也是原创者,五经的编纂原则依循着他对世道人心的理解,而编纂本身就是对仁义之道的贯彻。

两千多年前,具备读写能力的人都属于社会精英。其中的一个社会角色——书记员——享受着崇高的地位。当时受教育的人极少,而书记员则接受过长时间的教育。据称,在公元前1700年的古巴比伦王国,一位职业书记员从6岁开始接受教育,直到18岁。在识字率极低的时代,具备读写能力让书记员成为时代的记录者。正如新西兰语言学家费希尔所言,"从谷物运输到寺庙供奉,从简单信息到长篇赞美诗,以及城镇日常生活的繁杂活动等,一切皆因书记员的存在才变成现实"。在我的记忆中,我国20世纪七八十年代也有这样一群人,长期驻留邮局,专为目不识丁的人写信,收取费用。

与圣人孔子的救世理想相比,古代书记员的行为更为功利和现实,具备读写能力也确实为他们带来了丰厚的财富,这些人的出现可以视为知识制作人职业的发端。而知识制作人的大量涌现则是源于两个条件:知识需求的旺盛和技术的进步。需求决定供给,工业社会的崛起,创造了巨大的、持久的市场需求。

技术进步为知识制作和传播创造了便利：更加简单的生产、更加快捷的复制、更加广泛的交易，为知识交易双方带来了巨大收益。用经济学解释，即形成了交易循环：旺盛的需求促进了生产，生产带来了更多的资本投入，进一步刺激了需求。这一过程中，产品越来越多，分工越来越细，岗位不断增加，需求加速分化。各种媒介形式涌入，知识产业越做越大。

知识制作人既是上述历程的产物，也是推动者。简单来说，知识制作人的存在有两个前提。第一，区别于创作者，又服务于创作者。制作人是行业分工的结果，当生产方和需求方达到一定规模的时候，制作人从创作者群体中分离出来，解决了交易匹配的困难，提升了行业效率。第二，针对产品。制作人从一开始就是中间人角色——一端是创作者，一端是需求者，用知识产品连接。因此，制作人承担着双重使命：既要理解创作者的能力和态度，也要了解需求者的需求、偏好和接受水平，用优质的知识产品为双方创造价值。

作为一项职业，知识制作人存在了数千年，形成了自己的专业技能、行业边界以及职业精神。比如对于图书编辑，以下认知曾经清晰且稳定：纸书、结构化的知识体系、原创、替他人做嫁衣、发行、传世经典、规模效益……如今，这些认知开始摇摆不定：图书不用纸、碎片化的知识、原创不如集成、人人可生产知识、运营、快餐阅读、范围经济……驱动变化的正是互联网。

互联网世界的规则截然不同。最重要的变化是信息变得海量。原创者、制作者、消费者、知识内容，这些构成知识行业的要素数量呈指数级增长。想一想数千万的个人公众号、抖音视频账号，请思考：知识制作人到底是谁呢？如果将互联网定义为

"所有人对所有人传播的媒介"，那么是否可以说"人人都是制作人"？

互联网对知识行业的影响之大、之深、之广，毋庸置疑。站在新旧交替、范式更迭的时代窗口，传统制作人的首要之事是洞察万象背后的趋势。至少有以下五个趋势值得关注。

第一，**互联网成为知识行业的骨干网络**。离开互联网进行知识生产和传播，空间非常有限。看一看纸书市场的增长瓶颈、图书馆的数字化水平、电子书及其阅读器的兴盛、海量的互联网用户，就能明白互联网的本质：知识行业的基础设施。

第二，**知识生产的社会化**。只要有一台终端，人人可以生产和传播知识。比如，大学老师原本在校园里上课，通过专业期刊发表文章，而现在各类平台可以让他们面向广泛人群传播知识。在知乎、哔哩哔哩这样的平台上，人人都能发表见解。它创造了这样一种可能：每个人既是消费者，也是生产者。由此，知识生产方式由专业机构生产延展至"社会大生产"。

第三，**传播重于生产**。如何连接海量知识与用户？如何精准地找到知识？搜索工具和方法成了关键环节。从早期门户文章的分类检索，到搜索引擎的关键词检索，再到智能化的算法推送，搜索越来越便利、越来越精准，并且悄悄地控制了选择的权力：知识从你想要的，变成了他想给的。当搜索成了入口，就卡住了不少知识产品传播的喉咙。对制作人来说，将知识产品生产出来也许容易，而传递给用户却很难。

第四，**碎片化的用户**。大众分裂成小众或个人。互联网时代，"洛阳纸贵"变得更加难得，"爆款"也常常是昙花一现，大多数情况是，知识产品不仅用户少，而且持续时间短。互联网培养了碎片化用户：他们的时间、注意力、金钱高度分散，善变、缺乏耐心和忠诚度。而且，他们习惯了免费。从早期的博客、播客，到后来的微博、公众号，乃至音频号、视频号，不少运营者经历了相同的遭遇：花费了大量的精力，却应者寥寥。

第五，知识平台的流量法则。通过互联网进行知识生产和传播，绕不开平台。名不见经传的制作人试图在平台赚钱，难度很大。与线下市场的"二八"法则相比，平台更适合用"一九"法则：10%的头部供应者获得了90%的用户、资源和收入。这些制作人按照流量被分为三六九等。要想成功，个体必须努力从底部向头部前进，最终能否到达头部，很大程度上取决于能否得到平台的流量支持。

知识制作五原则

传承千年的知识制作行业，总有一些原则不会随时间和空间的变换而改变。恪守这些原则，不仅是知识制作人的职业使命，也是"以不变应万变"的制胜利器。

第一条：用户价值原则

知识只有分享才有意义。作品的意义在于读者，产品的意义在于使用者，商品的意义在于消费者。伟大的作品能留存后世，在于有人从作品中得到启示。

为用户创造价值，是知识制作的起点，也是知识制作人的使命。也许作者只想表达自己，但是制作人必须将用户需求作为产品创作时要考虑的重要因素，并影响作者将这一原则贯彻于知识生产的全过程。

用户价值原则并不否认自主创作原则。完全按照用户需求进行创作，违背了知识的根本使命——揭示真理。任何作品最初都是作者的个人表达，这一权利不能让渡；同时，知识的价值在于传播，因此必须将用户需求纳入考虑。

用户价值原则有其适用范围，即传播之中、交易目的。所谓传播之中，即用户出现于知识的传播过程中，如果一部作品完全秘而不宣，也就不会存在用户。只要进行传播，用户价值就会起作用。所谓交易目的，即将知识当作产品售卖，能否卖出去，取决于知识产品对用户有没有价值。

传播与交易目的考验制作人的智慧。制作人面临着两对矛盾：社会价值与商业价值的矛盾，以及作者诉求和用户需求的矛盾。用户价值原则确立了这样的职业信念：将两对矛盾统一于用户，被用户认可的，也是卖得好的。

第二条：原创原则

原创是知识产品的生命力。千百年来，无数人的原创造就了知识体系。无法想象，如果知识创作总是拾人牙慧或炒他人冷饭，会导致何种后果。互联网时代的知识生产似乎在背离原创原则，便利且快捷的制作工艺催生了不少注水书、山寨货和洗稿文，这些不仅浪费了用户的时间，而且造成了"劣币驱逐良币"的严重后果。

原创追求"新知"——新问题、新视角、新结构、新解释、新理论、新发明等，为知识大厦添砖加瓦。这一过程体现为相辅相成的两个特点：一是所有新知都是旧知的衍生，与旧知紧密关联；二是新知必然在旧知基础上有所突破。恰如蛹与蝉、茧与蝶，自前者来又超越前者。知识体系正是如此积累而成的，新与旧有因果关联，有脉络结构。

在浩瀚如烟的知识海洋中，原创产品愈加显得珍贵。事实证明，消费者更愿意为原创产品买单，而不是为仿制品付费。当大量复制品充斥市场，挤压的是其他同质化产品的机会，创造的是难以复制的原创产品的空间。这一点符合商业原理：稀缺、不可复制、难以模仿的产品具有更强的竞争力。跑马圈地的喧嚣散去之后，一些平台开始回归理性。腾讯公司在《2015年微信知识产权保护白皮书》中声称"进行知识产权主动保护"。作为首屈一指的内容平台，微信的这一动作显示了原创的力量：保护原创者的利益，就是保护平台自己。

第三条：品质原则

品质是所有产品的基石，知识产品概莫能外。药物必须有疗效但要将副作用降到最低；食物要能够充饥但不能让人生病；汽车可载人千里但必须消除安全隐患；知识可以拓展思维、解决问题但不能突破底线——在真假、善恶、美丑之中，必须选择前者。底线思维是制作知识产品的基准线，突破底线必有恶果。

知识产品的底线是：不抄袭，不作假，不生产、传播"伪"知、"恶"知、"丑"知。知识产品的底线，取决于制作人的底线。这是由制作人的社会角色决定的，身为知识的传播者、作者和读者的中间人，制作人承担着把关的责任，捍卫着社会规则和文明底线。

底线之上是品质，由原创者和制作人的态度与品位决定。知名学者写"注水书"

的情况并不鲜见；一年出版十多种图书的作者大有人在；至于漏洞百出、满是"硬伤"的各种知识文章，或是假科学之名漫天飞舞的谣言帖子，如同蚊蝇飞虫，屡禁不绝。

如果说底线是制作人的生存之基，品质则是发展之本。高品质的知识产品如同艺术品，令人愉悦。在互联网时代，品质原则可以起到一定的纠偏作用：唯快不破的生存法则与流量为王的浮躁心态，是劣质产品发酵的土壤。如此，更需要有工匠精神的制作人，构筑精品的堤坝，防止劣质产品的蔓延。

第四条：聚焦原则

以上三条原则决定了制作人的现实选择：聚焦。用户价值划定了产品的市场边界，不仅用户群体高度细分，用户需求也高度分化，事实上，你也无法满足所有用户的所有需求。原创原则和品质原则，要求原创者和制作人必须有足够的积累、充分的时间以及持久的耐力，专攻某一个类别才能生产出优质产品。

生产离不开资源投入。就知识生产而言，制作人有什么资源呢？制作人既不是原创者，也不是投资人，拥有的无非是内容判断力、制作经验、市场意识以及时间。而这些能力或资源的获得，依赖于相同领域和相似产品的制作经验积累。为何是相同或相似的领域？原因其实很简单，每一个领域都挤满了制作人，想要做一番事业，你必须聚焦于一处精耕细作，才能构建发展的阵地，汇聚人脉、经验、产品以及口碑。

从市场竞争来看，聚焦是制作人建立优势的正确方式。竞争战略的商业实践显示，多元化扩张的企业，最终总是被聚焦某一领域的企业击败。定位理论的提出者艾·里斯的一个比喻形象地解释了背后的原因：阳光普照可以带来温暖，激光却能熔断钢铁。将资源聚焦于某一领域，就像将四散的阳光汇聚一点，足以穿透市场。

聚焦原则在知识市场随处可见。以图书为例，无论是制作机构或个人，凡是采取聚焦原则，多数赢得了可观的收益和声誉。商务印书馆的汉译名著、中信出版社的经管图书、生活·读书·新知三联书店的文化生活类图书、广西师范大学出版社的人文社科读物，都凭借在某一领域的日积月累形成了品牌。薛兆丰的经济学图书、吴晓波的财经图书的畅销，靠的是数十年如一日在特定领域的耕耘。品牌是聚焦原则的试金石，如果将品牌看作一棵树，能否枝繁叶茂，全看制作人能否持久浇灌。

第五条：创新原则

如果说聚焦是形成优势的策略，那么创新就是维持优势的方式。

任何产品、企业和行业都存在一条生命曲线，又称 S 曲线，显示出产品、企业或行业由盛而衰的轨迹。有一本书《成长第二曲线：跨越 S 曲线持续成长》解释了突破生命周期的方法，其中的关键因素就是创新。生命周期决定了大多数产品和企业的命运，一旦进入成熟期和衰退期，大量产品和企业将面临亏损甚至退市的结局。

传统书业似乎正处于这样的阶段。有统计显示，2000 年至 2019 年，图书在销品种增长 2.5 倍（增长至 50.60 万种），总定价增长约 3.7 倍，印数增长约 39%；平均之后的数据更能说明问题，单本书平均定价增长约 2.4 倍，平均印数下降约 60%。纸书的增速有所放缓。

行业增速缓慢，可能引发系统危机。这方面，我们或许可以吸取报刊的经验教训：成本上升，销量下滑，广告收入减少，一些报刊关停并转，采编人员离职……行业是一个系统，需要避免其陷入整体性的危机。

在系统危机到来之前，越早准备，生机越大。媒体融合被纸媒视为生存的挪亚方舟。流媒体、融媒体、全媒体、智媒体，拥抱互联网、借船出海……只有动起来、革自己的命，才有生路。《人民日报》的"中央厨房"，浙江日报报业集团的网游布局，SMG（上海文化广播影视集团）的内容生态，等等，都是其中的佼佼者。反观书业，可圈可点的创新成果尚不多见。

创新无处不在。从产品到品牌、从开发到营销、从模式到机制，都是创新的场所。"大众创业，万众创新"的提出不仅说明了创新的重要性，也指明了创新的来源——群众的创造力是无限的。

对制作人来说，创新能力是核心能力，没有之一。面对激烈竞争，从产品的内容到形式，从宣传到销售，都需要制作人殚精竭虑，创造不同。

上述五条原则指明了制作人的改变、成长之路：致力于为用户创造价值是制作人的职业使命；追求原创既是知识生产的目的，也是竞争利器；品质构筑了产品的基石，也体现了制作人的社会责任；聚焦帮助制作人形成特色和竞争优势，而不断创新则可以维持这一优势。

中篇 知识制作人的七项修炼

图书编辑是最古老、最成熟的知识制作人,在平台与算法如此强势的时代,他们该如何应对?

麦克卢汉说,我们盯着后视镜看现在,倒退着走向未来。由技术革命引导的当代,依然遵循古老的进化原则。妄自菲薄与盲目自大,对于传统企业和新兴平台都是需要警惕的态度。知识的长河中,从来没有前浪后浪之分,只有浪潮涌动,生生不息。

生生不息,正是成长的力量。变局中的幸存者,时代的弄潮儿,拥有的不只是过人的胆量,更是过硬的实力。

在知识经济时代开疆辟土,知识制作人需要七个方面的能力:算法、定位、资源、整合、跟进、运营、创新。它们构成的成长循环,驱动着知识制作人的职业生涯。

作为起点的算法,最接近知识制作人的职业本质:经济交易。知识制作人投入资源,获取收益,算法决定效率。传统企业与新兴平台,算法规则迥异,经济原理相同。

算法始于资源投入,有限的资源投向哪里收益更高,这是经营的首要问题——定位。定位源于市场竞争:趋势、客户、对手共同演绎着竞争格局,立足且持久生存的唯一方式就是找到独特价值。

"该不该"与"有没有"是一对永恒的矛盾:在应然与实然之间,后者才是主角。制作人的实际资源——财力、人力、物力、时间、声誉、经验等——往往决定着最终成果。学会盘点、获取、配置手中的资源,独特价值才有现实基础。

投入同样的资源，为何产出的差异很大？这是整合系统的力量不同所致。为了将人、财、物、事等要素组织起来，知识制作人需要搭建一个硬骨架与软机制相结合的整合系统，将资源转化为成果。

无跟进，不运行。如果将整合系统比作驾驶汽车，那么制作人就是司机。新手或老手，业余或专业，一望便知。知识制作人的跟进能力决定了整合系统的效率。

除非销售发生，否则一切都是成本。在销售环节，无人能够替代知识制作人——他们既是作者与读者的中间人，也是产品的开发者。互联网时代，知识制作人必须参与甚至主导运营过程，即，以用户为中心，通过内容传播和活动开展推销产品，通过持续运营塑造品牌。

同质化是市场竞争的必然结果，创新可以对抗同质化，进而延缓衰老。通过不同要素的组合以及要素的不同组合，新的价值出现，驱动曲线再度上扬——产品曲线、收入曲线、职业曲线，莫不如此。

这部分内容将以传统图书编辑为原型，以互联网时代为背景，勾画知识制作人的能力谱系。

一、算法

以知识为业，制作人不能不恪守社会效益原则；靠制作谋生，制作人不得不掌握经济效益原理。算法整合了社会效益和经济效益，应作为制作人的职业起点。

不懂指标，难"测"效益

从事任何职业，首要之事是算账。知识行业的账不好算。这个问题也困扰着对编辑身份的确定：商人还是文化人？对于其产品——图书来说也是如此：挣钱还是获奖？

双效益——社会效益和经济效益——是出版界最常提到的一个词。经济效益的衡量指标既多且杂。出版社的年终总结中经济指标很多，比如新书品种、重印书品种、用纸量、生产码洋、销售码洋、销售实洋、回款、利润、动销品种、库存……怎么理解呢？你需要厘清指标间的关系，才能看懂出版机构的实际经济效益。

比如，生产码洋与销售实洋，一个是生产的图书册数与定价的乘积，一个是卖出去的图书册数与折扣价的乘积。哪个指标更能反映出版社的经济效益呢？先来看生产与销售的区别。生产由出版社说了算，一本新书，可以印三千册，也可以印一万册。销售则由市场定，货造出来了，卖不卖得掉是另外一回事。再来看码洋与实洋，中间有一个关键因素——折扣。码洋对应的是图书定价，实洋则对应发给渠道的折扣价，折扣受到图书质量、渠道实力、进货数量以及行业惯例等各种因素的影响。比如，童书、教辅的折扣通常低至五折以下；大电商的折扣也低，靠的是议价能力——规模优势。因此，生产码洋与销售实洋相差甚远。就出版社来说，生产码洋反映生产能力，销售实洋体现市场能力。图书卖不出去就变成积压的库存，也是成本。显然，销售实洋更适合作为经济效益指标。

了解经济效益指标，抓住两个关键点就行了：一个是成本收益比，一个是时间。成本是投入的种种要素——人员、设备、原材料等，收益包括各种收入，卖产品、进行投资、卖资产等的收入。收入大于投入，就算挣钱，反之则亏钱。盈亏的比例通过收益与投入的比值来确定。

经营活动持续不断，因此成本收益比始终处于变动之中。只有将指标与时间结合，才能准确、动态地反映经营状况。比如，某一时间点看上去亏损，实际上是因为增加了投入，收益需要过一段时间才能显现。

与其他产品不同，知识产品有其特殊性。它遵循边际效益递增原理，比如一本书，原作的成本最高，需要耗费大量的时间、精力和创造力。一旦完成，随着复制品的增加，边际效益越来越高——在传播过程中，不仅老知识不会衰减，而且新知识不断产生。这是因为，知识的价值在于分享，分享越多越广，价值越高。

这一规律体现在传播效率上，区分了出版社与知识平台。出版社以纸书为产品，建立起纸张为核心的生产、销售流程，由此形成的经济指标很多与纸张相关。比如，按印张定价，考虑的因素覆盖印制成本、库存成本、物流成本、销售成本等。收入指标如销量、定价、折扣、退货等也都与纸张相关。一个最简单的事实是，读者阅读的不是纸张，而是纸上的知识。如果不需要纸张也能阅读，那么读者为什么还要买纸书呢？

知识平台正是这样做的。以共享的名义，平台将知识生产者与消费者、机构生产者与个体生产者、知识创作与传播、阅读与交互等连接到一起，用的是数字化（无纸化）、网络化（互动式）的方式。在平台上，用户与用户的频繁交互，旧知与新知持续碰撞，创造与传播同时发生。

出版社往往因为纸张陷入了边际效益递减的窘境——纸书卖不出去沦为成本，而知识平台创造了一个分享共创的生态，乘上了边际效益递增的"飞船"。那么，出版社能否登上这艘"飞船"呢？

与经济效益相比，社会效益更为重要，社会效益的指标也得到了量化。社会效益指标包含获奖情况和社会评价——从政府到民间的各种奖项，以及对推动科技进步、行业发展产生的影响，被官方权威媒体宣传报道的情况，是重要指标。另外，"社会评价"指标中对融合出版产品开了绿灯，这既是对走融合出版道路的传统出版单位的鼓励，也反映出对融合出版的方向引领。

社会效益与经济效益的考核不能各自独立，那如何将两者统一起来呢？比如，有一本畅销教材，修订七八次，重印几十次，卖了二十年；另有一本专著，拿了省部级三等奖，印了两千册，卖了三年，还有一半库存。你如何看待两本书的双效益？获奖可喜，畅销亦珍贵。理想的状况是，畅销教材应该拿奖，而获奖专著应该在其垂直领域内尽可能地提升销量。

虽然好书不等于好卖，但好书应该卖好，这是制作人该有的信念。换言之，内容好、品质佳是前提，销量大、寿命长是结果。由此，"好书+好卖"是社会效益和经济效益统一的实现途径之一。

大量实例证明了"好书+好卖"的有效性。随着时间的推移，烂书很快被抛弃，好书自然活下来，成了经典。想一想，已成公版书的经典图书如《红楼梦》，养活了多少出版商，滋养了多少读者！可以说，好书在其目标读者群中的好口碑，以及经过时间验证的与口碑对应的销量，是社会效益与经济效益统一的最佳表现形式之一。

理论上说得通不等于实践中行得通。"好书+好卖"真的能落地吗？试举一例。

2005年，我去加拿大考察，与不少大学出版社、商业出版机构同行进行交流。在多伦多大学出版社，总编展示了一本学术专著的策划案，厚达几十页，从选题的价值、作者的学术评价和成果评估到各章节的目录。她还介绍了复杂的评估过程，其中一个环节是由专家委员会对选题、作者和内容进行论证，跟国内的学术项目评审类似。多伦多大学出版社是学术出版社，正式人员只有四个，由学校发年薪，每年只做几十本书，唯一的经济压力来源于出版社的运转成本。尽管选题论证流程非常严格，但一旦通过，会支付作者稿费。

在听对方介绍的时候，同行的编辑大多面露钦佩之情。在一些出版社出专著，情况则有些不同，有三个条件几乎成为"标配"：有资助款、无稿酬、印数少。

出现上述状况，确实让人遗憾。如果追问原因，其中之一与对编辑的考核有关。通常，在一家企业，研发和生产人员都是成本中心，而非利润中心。但出版社不同，对承担图书研发、生产任务的编辑，不仅考核审稿量、出版品种、编校质量、获奖数量，还有码洋、利润、成本等经济指标。如果经济指标过高，很容易引发编辑的短期行为、功利行为。

也许有人会问：难道专著不能卖好吗？"卖好"需要两个前提：一是书好，二是能卖，缺一不可。在不少出版社，尤其是相当"传统"的出版社，这两个要素是分离的，由两个部门——编辑部与发行部——分别独立完成。理论上，编辑负责做书，发行负责卖书，就像接力赛一样，应该团结协作，才能取胜。实践中，这些出版社编辑部和发行部作为两大业务部门，彼此割裂，单独运转。于是，一场共同完成的接力变成了两场短跑。

不同的考核指标，将两个部门牢牢锁定在各自的赛道。对编辑有一套 KPI，对发行也有一套，大多是销售码洋、实洋，回款之类。算法很简单，就是从生产码洋开始层层打折。比如，一本书定价 40 元，首印 5000 册，生产码洋就是 20 万元；假设全部发出去了，就计算为 20 万元发货码洋；发货折扣六折，就有了 12 万元发货实洋；卖出去九成，就得到销售实洋 10.8 万元；回款指标定九成，收回来的货款就是销售实洋的九折 9.72 万元。从生产码洋到最终的现金收入，缩水了一半。这种算法倒也正常，真正的问题出在组织架构和指标制定上。

发行部门的组织原则是条块结合：图书类别与销售区域相结合。比如综合社与专业社，或者综合社中所谓的"大发行"与专业发行，区别就是卖一类书还是卖多类书。相对而言，专业社或专业发行，在垂直领域的竞争力更强，编发关系更紧密。而在一些综合社或大发行就不同了，销售经理更多考虑"大盘"，只要总盘子的指标（主要是销售收入及回款）完成就可以了，至于什么区域、哪个类别的图书涨跌并不重要。

这可能就苦了编辑。编辑通常是按照专业或种类划分，所谓专业划分就是经管、英语、计算机之类的学科区分；种类如童书、教辅、畅销书的图书类别或读者类别。专业图书对应的都是专业读者，需要相对精准的渠道才能将图书送到读者手里。但在"大盘"意识的驱使下，几乎所有种类的图书都通过大发行流向了大卖场（包括电商平台），导致宣传、促销、渠道乃至人员的专业化程度较低、执行效果较差。一个简单且明显的事实是，某区域的发行人员不仅要面对该区域内的所有渠道，还要面对成百上千种图书，怎么可能改善每一个品种的销售？或许他可以管理好渠道网点，但海量图书的卖点、优点和缺点，无论如何是说不清的。

忽视专业的、市场的和区域的差异，采取一刀切的方式，造成了实际的不公平。做哲学书的与做经管书的，做教材的与做社会读物的，被塞进了同样的组织架构、商业模式、管理体制和考核机制，内部冲突则不可避免。

若是将双效益分离——认知上当作两个事物，评价上采取两套指标，组织上划归两个部门，行动上实施两套体系，就会造成诸多弊端。如果相信"指标就是指挥棒"，那么改变现状之前，一定要调整算法。

传统算法：两个公式

既然要完成利润指标，知识制作人就不能不学算法。算法不同，结果相距甚远。

假设某出版机构制订下一年度的业绩目标——销售码洋增长 10%。怎么做呢？最简单的方式是集中搞几个大项目，组织专门队伍销售，这一目标可能就完成了。也有另外的方式，将 10% 的增长指标层层分解至各个部门或各类产品。通常，先确定专业领域如英语板块、商业板块或其他板块，再确定区域范围，华东、华南、华北等，各自领任务。尽管各部门增长有差异，但合起来也许就能完成甚至超过 10%。

两种方式代表了两种不同的经营理念。对一些出版机构来说，通过大项目实现增长有点像打猎，逮到什么算什么，缺乏长远规划，风险较高，没有后劲。各部门的增长更像种地，田地厚薄不同，产出不同，因地制宜地提高产量，因而更保险，更有可持续性。对出版机构而言，猎人和农民缺一不可：四处打猎可以创造机会，深耕田地可以稳健增长。

无论是机构还是个人，都应该掌握两个算法公式，并依据公式调整行动。以图书为例，第一个公式是利润公式。

图书毛利＝收入（销售册数 × 定价 × 折扣）－成本（印制成本＋稿酬）－销售费用

提高利润有两种方式：增加收入，降低成本。增加收入有三种方法：提高销量、定价或折扣。但三种方法很难同时成立：高定价与销量、折扣通常为反比例关系，除非图书有刚需且无竞争品种。比如某些认证考试会指定参考书，考生只能使用你的书。即便如此，销售册数、定价也有上限。

从成本来看，与定价与销量同步提升的成本是稿酬。一般情况下，稿酬分为版税和字数稿酬两种方式。如果是版税，每卖出一本作者都有提成；若是字数稿酬，基本上一次付清。印制成本中的可变成本是纸张、印刷、装订等费用，通常印数越多，装订和印刷工价越低。

销售费用是指图书宣传、促销、发货等产生的费用，可多可少。比如，举办新书发布会、购买广告位、促销让利等，费用都计入其中。真正侵蚀利润的大头是库存积压。造成库存积压的主要原因有两个：一个是印数过大，销售预测不准是其主因；另一个是销售不力，原因则有很多。

图书利润公式中，重点关注三个关键指标：印数、定价和销量。印数与销量及库存关系密切，在销量无法保证的情况下，印数的控制就很重要，控制得当可以避免库存积压。实践中通常参照同类书以往的销售曲线来确定。定价是另外一个重要因素。按印张定价几乎是出版行业惯例，按照内容价值定价则很少用，因为缺乏客观标准。定价还可以参考市场上的相似产品如竞品的价格。

三个指标中，销量是最重要的因素，也是最难预测的因素。将销量作为印数的依据，通常需要考虑这些条件：发货数量、渠道网点、折扣、作者名气、内容吸引力、宣传力度、投入资源、品牌影响力等。换言之，销量取决于系统实力。能不能列为出版机构的重点图书并大力推广，对一本书的销量有很大影响。

利润公式显示，单纯的成本导向或收入导向并不能带来更高收益。比如，按照成本导向做一本书，就会想方设法降低成本，如粗劣地设计包装、压低作者版税、不做营销活动等，看上去减少了费用，其实增加了机会成本——销售收入因为上述选择而降低。或许可以换个思路：漂亮的包装既能抬高价格，也能吸引读者；提高版税可以激励作者参与推广；更多的营销活动能带来影响力和购买量。这就是收入导向。

收入重于成本。组织或个人都须将收入置于优先位置，原因很简单：收入（产出）是目的，成本（投入）是手段。

第二个公式是收入公式。一般来说，图书编辑的收入公式如下：

$$个人收入 = 基本工资 + 岗位津贴 + 奖金提成 + 其他$$

分析前三项收入的构成比例，基本能看出编辑的职业发展水平。基本工资和岗位津贴跟学历、资历及职级直接挂钩。新编辑与老编辑在这两个收入方面有差距，但没有奖金提成的差距大。年收入高的编辑通常是利润大户，奖金提成会超过另外两项。个人收入公式显示了编辑应该努力的方向：想要大幅、快速增加收入，需要提升图书的盈利能力。再结合利润公式，增加利润应该瞄准提升销量，而非降低成本。

利润公式与收入公式表示一种简化的算法，让编辑做起事来心里有一本账，不至于忙了半天"收成"很差。有一点需要说明，两个公式的具体计算受制于编辑所在机构的具体情况。比如，关于固定成本的折旧、运营费用的计算、积压库存的计提、年终奖金的提成等，出版机构各有政策和习惯，这些会直接影响到编辑个人的收入。

不过，基于个人的考核制度在这个时代已经越来越落伍了。一些有创新意识的出版机构开始考核团队。团队考核需要一个大前提，就是组织机构的调整，形式从项目组、工作室到事业部，甚至阿米巴（一种自负盈亏、独立经营的盈利单元）都有，这些组织形式的创建，旨在通过团队协作的力量取得竞争优势。

走得更远的制作机构甚至取消了 KPI 指标，提出 OKR 模式——目标与关键成果，由员工本人与管理者一起商量并确定所在岗位的成果指标，目的是激发员工的活力和创新精神。新模式与新算法大多由互联网公司率先提出，对于不少传统机构来说，可以理解却很难实施。

互联网公司的新算法

互联网公司自认为是全新物种，有自己的商业逻辑和算法。用亚马逊公司创始人贝索斯的话来说最为简洁：自由现金流是利润的未来兑现形式。这句话内涵丰富，至少有三层意思：第一，互联网公司的目标不是利润，而是现金流；第二，只要能够让网络业务继续扩张，就该继续投资，而非分红；第三，互联网公司多为资本驱动，以上市或并购为目标，极为看重估值。

知识付费平台的算法就是如此。比如，一个广为适用的公式如下：

$$CLV \geqslant 3CAC$$

只要客户终身价值（customer lifetime value，CLV）大于获客成本（customer acquisition cost，CAC）三倍以上，知识付费的生意就是一笔好生意。

根据公式，要将知识付费做成好生意，需要两个条件：其一，尽可能多地获客，客户的数量意味着规模经济——成本可以摊薄；其二，尽可能挖掘客户终身价值，客户的质量决定了收入是否可以增长。客户的数量与质量之间的关系表现为转化率，即在所有客户中，有多少客户付出了时间、精力和现金，都有具体指标，如注册量、活跃度、付费率、续费率进行衡量。

知识平台靠什么获客呢？要么提供内容，如得到；要么提供工具，如小鹅通。提供的内容要么自己做（如吴晓波频道），要么由客户做（如知乎），要么兼而有之（如喜马拉雅）。提供内容的平台需要制作人对产品进行开发、加工。

与传统知识制作人不同，互联网平台知识制作人也做知识产品，目标在于用户：多少用户、多少活跃度、多少付费。这些数据可以从知识产品的点击量、转发量、点赞数、评论数等细节指标上体现出来。后台的运营数据直接决定了产品线乃至制作人的命运：品种是扩张还是收缩，制作人是增加还是削减。

大多数知识平台依赖于风险投资（venture capital，VC）起家，因此平台最关心的是公司估值。这里的重点是公司，因为投资人将互联网公司看成他们的产品，是要做大之后上市的。公司估值也有一个公式：

$$公司估值 = 用户 + 流量 + ARPU + X$$

一家知识平台的商业估值与用户数量、流量、人均收入贡献（average revenue per user，ARPU）以及其他因素（X）相关，这里的X包括定位、模式、品牌、行业地位、稀缺资源拥有情况等。

说到底，资本的逻辑对知识平台有巨大的影响：一个关于现金的流入与流出、流量与流速、现实与期待的模式。

由此，你会看到，一些知识平台的雇员（包括知识制作人）并不特别看重利润，而是看重产品所带来的流量——产品流量、用户流量、现金流量的增长。流量越大、流速越快、增长越高，公司估值越可观。

算法揭示了传统机构和知识平台的差异：传统机构追求利润，知识平台追求流量；传统机构以产品为中心，知识平台以用户为中心；传统机构强调成本控制，知识平台强调收入增长；传统机构稳健发展，知识平台快速扩张。对于这些差异，制作人应该有清醒的认知，尤其对知识平台，更应谨慎对待。

眼下，知识平台方兴未艾，如同所有曾经火热的领域，知识平台也为冒险者提供了一夜成名的"逐梦空间"。短暂的互联网历史已经展现出特定的模式：只要是新领域，开始时一哄而上，转瞬间一地鸡毛。正如经济学家许小年所言，公司不创造价值，或迟或早都要倒掉。

经济公式、资本逻辑、商业原理，源自同一原点——价值规律。算法是对知识产品的经济考量，只能反映商业价值，不能体现知识本身的价值。这是社会效益优先的意义之一，它可以遏制唯利是图的倾向。坦率地说，如果只是为了挣钱，知识产品的生意不算太好。如果选择知识行业，就该有超越经济的追求。从事知识制作，是需要理想主义的。这个理想就是做经典。

何为经典？以图书为例，至少具备三个条件。

第一，首选。任何图书都有一个主题，如果是经典，这本书涉及的就必然是关于该主题绕不开的知识体系。即便不是唯一选择，也该是较优选择。

第二，持久。经典是时间的耐用品，不会昙花一现，也不会轻易过时。有些经典，比如《国富论》即便内容稍显陈旧，但作为开创性的著作，依然有着不可撼动的地位。经典如同大树的根基，后续著作便如散开的枝叶。

第三，自然增长。销量是经典的必要而非充分条件。市场上有不少书凭借大规模宣传短时间引爆市场，但来得快去得更快。经典书的销量也许不如某些畅销书，但是不会被替代，而且历久弥新。

经典难求而且未知，也许一生都无法遇到。现实中更多采取折中态度：做长版书。经典百年难遇，但长版书不难创造。在任何领域、任何主题上，都有产生长版书的机会。决定能否长版的因素只有一个——独特价值，只要一个知识体系能够为用户创造独特价值，就具备做长版书的潜质。长版书既有质量也有销量，因此将社会效益与经济效益、收入与成本统一起来了。

二、定位

算法是对结果的计算，来自制作人的行动。行动始于选择，对制作人来说，第一个选择是，做什么，结果更好。这就是定位。

定位即创造不同

十多年前，遇到一个作者，他带来一部书稿，准确地说，是半部书稿，有二级目录，内容大概只有七八万字，主题是讲创新思维的。跟作者简单聊过之后，得到以下一些重要信息：该作者是某知名大学广告系的老师；这本书稿内容来自他在外面给企事业单位培训时的部分讲稿；之所以要出书，是因为听课的学员需要；他判断创新思维是一个刚刚兴起的领域，存在更大的市场空间——他想借助图书拓展新的培训机会。

我有些心动，但做不了决定，便跟他讲，看完后再给回音。半部书稿我一口气看完了，发现书稿有三个特色：一是观点新颖有创见；二是有趣，大量的案例和图片富有启发性；三是文字华丽流畅，可读性强。这坚定了我出版此书的决心，虽然并不知道市场前景如何，但我有一个朴素的想法：如果能够打动我并让我有收获的图书，肯定有人买。

该选题的通过并不顺利。有人提出了质疑：一家以教材和专著为主的大学出版社，做这种书卖得动吗？原因包括品牌不对，渠道不对，发货折扣偏低，印数无法预测，运作模式不同，等等。这些担忧并不是没有道理，而我给出的理由是，这本书因为有作者的直销渠道、内容质量的保障，值得一试。

消除风险和压力的最好方式就是行动。我约作者谈了好几次，从主体到结构，从内容到文字，达成了高度共识：主题定位"创造性思维"，按不同的思维模式结构章节，表达要图文并茂，案例要丰富。

按照这一标准，作者很快交稿，封面设计由他自己操刀。纸张、设计、包装都按高规格做，价格也定得很高。出版之后，果不其然，随着作者培训机会的增加，名气越来越大，该书的累计销量超过了十万册，还拿了一些奖。

仅仅依据出版社的双效益指标，这本社会读物在我操作过的图书中显然是"成功"的：销量不错、销售十年、获奖。当然我也很清楚，其实有接近一半的销售是在作者的渠道完成的——那十年中，作者的讲课足迹遍及全国，图书也卖到了全国。

如果说该书算成功，那么能否从中总结出一些成功的秘诀呢？这里隐含着制作人必须面对的重大命题：知识产品如何定位？

定位源于市场竞争。比如，下面这张表的内容是从当当网检索出来的，在我写作本书时，输入"论语"，共有8万多条检索结果，销量前七位的如下。

书名	作者	读者对象
论语	张圣洁	中小学生 / 大众
论语译注	杨伯峻	中小学生
论语全解	方韬	大众

书名	作者	读者对象
论语别裁	南怀瑾	大众
论语译注本	钱小北	学生
论语	刘运东	学生
论语通译	徐志刚	学生

从这张表中,你看到了什么?都是解读《论语》的图书,但书名不同、作者不同、读者对象不同。

你还可以顺着当当页面往下翻,就会发现关于《论语》的图书多如牛毛。仅《论语别裁》,就有不同出版社、不同价格、不同包装的版本。相同的主题、相同的内容,产品要素做点变化,就出现了各种图书。

市场上有关《论语》的书这么多,还能再做一本吗?回答这个问题的过程,就是定位:该做什么以及如何做?换言之,定位就是找到市场机会和实现的办法。

上面的数据透露出两条信息,构成了关于《论语》的图书市场的假设:

- 关于论语的图书很多,既说明竞争之激烈,也体现市场之大。
- 排在前七的图书中,有五种跟学生相关,说明教育市场是主战场之一。

市场大、品种多如同硬币两面,相辅相成。如果决定进入该市场,还需要费点心思进一步挖掘,然后回答如下三个关键问题。

- 市场趋势如何?
- 排名前七位的图书各有什么特色?

● 如果再做一本新书，凭什么能让它跻身前列？

三个问题构成了定位的三个层次：看趋势、跟竞品、找不同。

看趋势是最原始的一种定位。如果关于《论语》的图书市场长盛不衰、欣欣向荣，就该进入。看趋势是投资人的强项，通过研究宏观经济形势、产业变化、市场趋势来投资，叫"赛道"投资；也有盯着企业经营状况的，叫"赛马"投资。也有看短看长之分，看短叫机会主义，看长叫价值主义，后者的代表是巴菲特。看趋势，更看重长期价值。

跟竞品，是学习、模仿标杆产品。研究榜单产品，可以得到三大好处：一是标杆产品的特色是市场检验过的用户痛点；二是标杆产品的共性也适用于同类产品；三是为自己的新品找一个模仿对象。

找不同，是创造产品的不同价值。进入市场，产品就要接受竞争考验。同质的产品注定被淘汰，不同的产品则幸存。价值的判定最终取决于消费者，由此，定位创造的价值专指用户价值。用户说你的产品有价值，并积极购买，就证明定位成功了。

三角定位法

到底该怎么定位呢？"三角定位法"是一个不错的工具。

下面这幅图展示了定位的原理。定位从作者开始，毕竟先有作者，才有作品。通过制作人的加工，作品形成了有卖点的产品，卖给读者。读者之所以购买，是因为产品满足了他的需求。如果需求量很大且稳定，就意味着市场的容量和趋势看好。

知识产品的定位，就是根据上述原理展开的，包括以下四个问题。

- 作者的能力如何？即找亮点。

- 跟竞品相比，你的产品有什么不一样？即找卖点。

- 产品的卖点能打动读者吗？即找痛点。

- 市场能有多大呢？即找热点。

来看第一个问题：作者的能力如何？实际操作中，制作人会碰到两种情况：一种是约稿，另一种是投稿。前者由制作人约作者创作，后者是作者主动上门推销自己的作品。不论哪种，都得遵循一个原则：先定人，再定稿。这里主要聊一聊约稿——由制作人策划产品的情况。

任何作品内容的创作都不会超过作者的创作能力，这就意味着，制作人的产品策划做得再漂亮，也毫无用处，除非策划案从一开始就让作者参与并得到认同。如何判断作者能力？有很多方式。头衔、作品、奖项、经历、兼职情况等都可以用来证明。没有什么比作品更有说服力了，比如作品都很畅销的作家，根本不需要任何其他背书。一个作者出过很多作品，但如果没有名气，也很难说明其能力有多强。

作者的能力不仅包括创作能力，也包括策划能力、人际关系、沟通能力甚至财力，这些对作品都有影响。比如，擅长策划的作者可以提供很多创意，交际广泛的作者能够提供更多的作者和推广途径，能说会道的作者可能是不错的"讲师"IP，财力雄厚更是产品制作和运营的重要条件。你可以建一个档案，从作品、职位、资历等多个维度给作者画像，这样能更好地评估作者的综合能力。

一旦确定作者，后面的进程会顺利很多。制作人需要跟作者沟通的第二个问题：跟竞品相比，你的作品有什么不同？这需要两个步骤。

首先，识别出真正的优势产品。优势产品通常为能长销、销量大、口碑好的产品。只要符合其中两点，就可以视为优势产品。这里仍以《论语》读本为例。

书名	作者	定价 / 折扣价（元）	宣传点	出版社
论语	张圣洁	38/17.10	国学启蒙经典	浙江教育 / 当当自营
论语译注	杨伯峻	26/13	央视《读书》栏目推荐	中华书局
论语别裁	南怀瑾	88/52.80	国学大师南怀瑾名作	复旦大学

上表中所列是当当网销售排名前三的论语读本（写作本书时）。怎么看这张表呢？重点看性价比和作者。性价比即性能与价格之比，暗含着最重要的交易原则：消费者总是希望用更少的钱买到更高价值的商品。鉴于内容优劣难以评价，价格就成了性价比的重要指标。很显然，《论语别裁》的价格远高于前两种。

怎么评价内容质量？读者需要靠得住、看得见的证据。作者是内容品质的首要保障——作者的头衔、作品、奖项、经历等，多数时候能有效证明一本书的价值。一定程度上，重点不是卖书，而是"卖人"。比如，杨伯峻与南怀瑾都是响当当的人物。杨伯峻的《论语译注》1962 年就在中华书局出版，他本人也是中华书局的编辑。过了快六十年了，这个版本还在卖。南怀瑾是享誉华人世界的国学大师，《论语别裁》也是他最满意的一部作品。因其解读别具一格、内容极为独特，即便定价很高，仍有不错的销量。

其次，确定竞品特点。特点总是跟内容品质相关。可以从三方面切入：宣传语、第三方评价、自己判断。上表中列出了三种图书的宣传语，都来自图书介绍，你可以从封面广告语、内容提要看到。第三方评价的方式很多：名家推荐、榜单信息、获奖信息、销量信息、作者头衔、推荐序言、书评、网站评论数与评分等。如果相信自己的眼光，你还可以浏览前言、目录、后记、部分正文后做出最终判断。

通过上述两步，制作人心中应该对主要竞品心中有数。如果到此还不能确定自己产品的卖点，就要回答第三个问题：产品卖点能打动读者吗？也就是能否击中读者的痛点。

一部分痛点意味着刚需——不读不行，不得不买。这种情况并不常见。读者的职业、年龄、学历、性格、认知程度、需求等千差万别，他们的共同需求是什么？怎么满足这些需求？都是难题。

比如，前面的三种《论语》读本，你能提炼出它们的读者痛点吗？张圣洁主编的《论语》旨在国学启蒙，针对中小学生，划归"中小学教辅"。杨伯峻的《论语译注》

属于权威、专业的解读版本，对象是专业研究者和大众。南怀瑾的《论语别裁》重在做人做事的学问道理，对象是大众。三本书为谁解决了什么痛点呢？其实，都没有准确答案。

从操作层面看，应遵循的大原则是：先确定读者，再确定痛点。比如，针对中小学生开发《论语》读本，先要找到学生和老师，与他们深度交流，挖掘具体需求，建构教学场景，才能确定真正的痛点：应对古文考试、提高写作水平还是课外阅读？经过一系列选择之后，产品越来越清晰。有一本《写给孩子的论语课》，针对中小学课程编写的教材，在教学特点上做足了文章：无微不至的注释、插图、导读文字、名言摘录、知识考点等，并强调由大学教授和哲学博士担任顾问。

了解客户痛点，有两种常用方法。一种是直接找到目标读者，跟他们聊，听他们的想法。很多图书是可以找到明确读者群的，比如教材。如果读者对象不明确，如写一本成长类的图书，建议采用第二种方法——给理想读者画像。你需要在现实中找到一个具体人物，然后将该人物形象化。比如，能否针对80后年轻父母做一本《论语》读本？答案是肯定的。做成什么样呢？首要之事就是找一批80后父母聊聊。还有一种方法是找竞品的读者，听听他们的看法。互联网上已有图书的大量评论，也能为读者画像提供线索。

读者画像是制作人的秘密武器。通常，作者倾向于表达自己，看不到读者。有了读者画像，制作人就能帮助作者转换视角，从而提炼出打动读者的卖点。

需要强调的是，找卖点（第二步）与找痛点（第三步）是反复交互的过程，原因是，卖点一旦确定，整个产品就会围绕卖点展开。

卖点是产品特点的聚焦，提炼卖点则是服务于传播。因为知识产品主观性强，特点不好区分。这就给宣传留下了巨大空间。很多时候，图书未必真的好，但读者听人说好就去买了。提炼卖点，就是抽取能够影响读者购买的因素，然后传播出去。

有研究显示，读者购书的决定因素按照重要性排序如下：作者、书名、推荐（名人或熟人）、前言、出版社等。也就是说，可以着重在这些方面宣传卖点。概括起来看，对读者最具影响力的分别是作者、内容、形式。

对不少读者来说，作者的声誉比水平重要；对制作人来说，水平与声誉同等重要，要找到最能代表作者声誉的要素聚焦宣传。经常看到这样的情况，将作者的所有头衔、成果、经历统统列出来，结果读者什么都没记住。声誉传播遵循一个原则：千招会不如一招绝。找一个最有代表性的特质，反复传播。

内容是作品品质的试金石。将李零的《丧家狗》和南怀瑾的《论语别裁》放在一起，学者与行者的区别一目了然。学者注重字句的考证、思想的准确传达，行者在意的是酣畅痛快、切身体察。两本书如风味不同的两道菜，读者各取所需。内容特色由作者的经验气质决定，人有人格，书有品格。有经验的制作人深知这一点的重要性，想硬生生地将一位思想深刻的作者转变成通俗的网红，往往适得其反。实际操作中，制作人应仔细辨别作者的思维特点和表达风格，将其转化为内容特色。

形式特征在消费决策中的位置也越来越重要。在图书市场中，精装书越来越普及，满足了"追求高档品位"的心理。如卖得很火的"图书"《打开故宫》，其实已经不能叫作图书，而是文创产品——将该"书"打开之后，得到的不是图文，而是立体化的故宫纸片模型。在线知识产品的形式更加多样，如"讲书"产品，音频＋文字＋导图

＋评论＋链接，是其标配。

作者声誉、内容特色、形式特征，是卖点的三大支撑，缺一不可。

确定了卖点之后，还应该思考第四个问题：市场能有多大呢？市场规模有两种计算方法：一种是计算卖掉的产品总额（总码洋）或总量（总册数），另一种是算客户总人数或消费总额。采用后者，市场总是被夸大，因为包含了潜在市场。比如算一个地区的教材市场，将该区域的学生总数乘以平均消费额，而事实上并不是所有学生都买书。

服务于机构的制作人，有两个数据可以参考。一个是本机构的长版书。一般而言，新产品很难超过老品牌。另一个是头部竞品。比如，再做一本《论语》读本，想超过现有前三甲的图书很难。相较而言，竞品数据更可靠一些。

还可以重新定义市场。类型化是拓展市场常用的思路，即通过归类，先聚焦目标市场，再进入相关市场。类型化有三种方式：读者的类型化、内容的类型化和形式的类型化。

物以类聚，人以群分，拥有相似特征的人聚在一起，形成"类别"，无论是年龄、性别、籍贯等人口统计特征，还是学历、职业、收入等社会经济特征，或者兴趣、爱好等行为偏好特征，都可以用来切分出细分市场。

内容类型化也非常普遍。电影是一个典型，从剧情片到动作片，从惊悚片到科幻片，越来越细的分类区隔出不同的观众市场。图书也是如此。从图书类型如教材、教辅、专著、译著、工具书、辑刊、漫画书等，到内容主题如学科分类，细化程度在加剧。

形式类型化跟技术进步息息相关。仅以视频为例，就有许多种类的衍生。眼下火爆的短视频、直播，就出现了各种各样的知识产品形式。依托于多样态的形式，知识内容被反复加工、组合成新的产品形式，得到广泛传播。这给了产品更多的延展空间，比如 IP 模式，即围绕作者或作品进行多次开发和售卖，并形成"小生态"的商业策略。

绘制路线图：产品策划案

如何让定位落地？制作人需要一个可操作的策划案。

策划案是知识产品的路线图，旨在将想法变成做法。这其中的关键步骤是视角转换。前面提到三种视角的三个结果：作者眼中是作品，制作人眼中是产品，用户眼中是商品。不同视角下看到的要素组合不同。

以图书为例，关于一部作品，作者有一套衡量标准：主题、篇幅、结构、逻辑、体例、类型、原创等。这些要素也是编辑眼中的指标，但不够。

编辑还会做更多的考虑：主题是否吸引人，篇幅是否适合，结构是否清晰，体例是否对理解有用，文字是否适合阅读，等等。这些属于编辑的专业技能，凭借这些技能，编辑将书稿加工成适合读者的产品。

知识产品上了市，读者又有各自的评价标准，往往来自个人的兴趣、偏好、需求、认知甚至个性差异。

作为中间人，制作人在定位时的首要责任就是调和作者视角与用户视角。通常情况下，作者创作时不太考虑读者需求，而是忙于表达自我。这时制作人应该提醒自己，知识的价值不仅在于发现和总结，更重要的是分享和沟通，并就此与作者达成共识。

传统出版界流行甚广的一句话——编辑替他人做嫁衣——形象地揭示了编辑（制作人）的职责。在作品的形成过程中，编辑不是直接的创作者，而是直接的参与者。他的主要任务是让作品符合读者的阅读需求。

不仅如此，作为机构一员，制作人还要根据机构规则做更多的计算。比如，图书编辑在逛书店的时候，会关注更多的细节：印张数、字数、页数、定价、版次、装订形式、印量、开本、纸张、广告语、封面设计等。这些要素直接跟纸书产品相关。其中，一些要素体现出一本书的经济属性——成本、定价、销量之间的关系，另一些则显示出图书的文化属性，比如广告语、封面设计、装帧规格等。

这样看来，编辑需要考虑的因素实在不少。但基本上可以分为两大类，一类关于内容本身，可以成为作品的因素；一类跟载体形式相关，可以叫作产品因素。只有将两类因素进行合理的安排，才能做出好产品。

在定位阶段，制作人应将自己视为产品经理。这就需要了解完整的产品模型。科特勒认为，一个完整的产品分三个层次，由内而外分别为核心产品层、形式产品层和附加产品层。将知识产品填进去，就得到了如下图形。

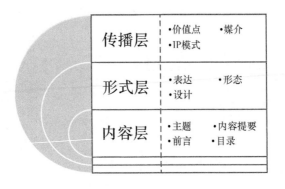

传播层	•价值点　•媒介 •IP模式
形式层	•表达　•形态 •设计
内容层	•主题　•内容提要 •前言　•目录

根据完整产品模型，知识产品的定位不仅包括内容，还包括形式和传播。下面以图书为例，逐一解读。

内容层是最重要的部分，包含主题、内容提要、前言、目录等。主题是最重要的识别要素，给主题起一个好名字，是成功的一半。在互联网时代，标题更加重要，海量的竞品中，好标题不仅吸引读者，而且能传递有用信息。标题的创意方法有很多，制作人应重点关注流行趋势。比如书名，可采用关键词法，如凯文·凯利的畅销书《失控》《必然》，艾·里斯的作品《定位》《聚焦》等。单一词语好懂易记，很适合传播。不好懂的还需要对关键词做解释，就形成了副标题。比如《失控》的副标题是"全人类的最终命运和结局"，构成一主一副、一虚一实的标题格式。

内容提要与前言是对主题的进一步解释，也是制作人在策划时对产品的理解。这对于控制产品质量、快速传达内容很有帮助。试举一例。

假设编辑接到陌生作者的投稿电话，怎么在短时间内判断作品的内容质量呢？可以问四个问题，就能大致了解其内容定位。

第一个问题：书稿回答的核心问题是什么？问该问题了解的是书稿的主题信息。掰开了讲，主题通常包括三个要素：研究对象，关于对象的问题，以及问题的背景。比如这样一本书《人人都是运营高手》，研究对象是运营，问题是如何精通运营，背景则是互联网催生了运营岗的普及。

　　第二个问题：能不能简单讲一讲你是怎么回答核心问题的？问该问题旨在了解书稿的逻辑以及作者的思路。知识产品是结构化的体系，通过作者的回答，你能辨别三个重要信息：主要观点、观点之间的联系，以及论述的严密性。比如"如何成为运营高手"，这是一个"怎么做"的问题，可以有多种答案，你要聆听关于"做法"的解释，判断这些"做法"与"运营高手"之间是否有很强的关联性。如果有疑惑，应该继续追问，直到确信因果关系的存在。

　　第三个问题：跟同类书相比，这本书稿有什么不同？提该问题的时候，让对方举具体的书作比较。大多数时候，制作人不会知道一本新书的竞品有哪些，但是作者很清楚。在创作时，一个常见的做法是将市面上主要的同类主题的书找来，既作为参考资料，也力图有所不同。为了避免作者泛泛而谈，最好的方式就是找那些长版书作为比较对象。这样做的原因是，选择更高的标准有助于提升该知识产品的品质。比较什么呢？基本上不会超过以下几个要素：视角、观点、表达、材料、对象等。这些因素，有助于制作人抓住该作品的"卖点"所在。

　　第四个问题可以帮助制作人进行用户定位：这本书写给谁看呢？有一些作者有"用户意识"，顺着这一问题可以听听作者对目标用户的看法。

　　上述四个问题构成了内容提要和前言的主要议题。内容提要是对图书内容最简洁的概括，通常采取三段论式：第一段解题，第二段给出卖点和核心内容，第三段陈述读者对象。需要强调的是，内容提要有"广告"性质，应注意对象感，尽量避免"自卖自夸"。

若要较为系统地传达内容，就需要前言了。前言算是一本书的背景、主题、观点、结构、视角和逻辑等方面的梗概。可以这样理解，如果将一本书浓缩成一篇文章，成果就是前言。通过前言，读者可以快速了解一本书的主要观点和逻辑。

当然，目录是更详细的内容框架，非常复杂。与作者敲定目录（写作大纲）是制作人的主要任务，也是最具挑战的部分。在这个部分，有两条原则应该遵守：一是作者主导，制作人建议；二是用读者标准评估。通常，制作人与作者的分歧集中于标准差异。解决的方式是，专业上充分尊重作者，产品上引入读者维度。

主题、内容提要、前言、目录层层递进，构成内容定位的关键。要注意的是，在这四个部分应将"内容特色"贯穿始终。

好内容配上好形式，如虎添翼。在看重颜值的时代，产品形式设计越来越重要。制作人重点关注的至少有三个方面：表达、形态、设计。

如何表达内容？这是形式中的第一个重点。前面提到的《写给孩子的论语课》在内容表达上所做的繁复设计，是根据孩子的认知特点、课程的特点，将内容进行碎片化重组所形成的"体例"。而读过《论语别裁》的人都知道，南怀瑾的表达别具一格：绝不咬文嚼字，而是摒弃字面解释，通过大量的故事、案例以及个人体悟传达论语的内涵，因而叫作"别裁"。南怀瑾的图书多冠以类似的名称如"他说""旁通"，多根据其讲座内容整理而成，不讲求逻辑，口语化浓厚，内容看似庞杂但相互印证，极具个人风格。

表达与作者的个人风格息息相关。我曾经碰到过一位海外留学多年的作者，写出来的中文句子都是英文的句法。他花了很长的时间才找回中文写作的感觉，可思维还是西方式的。还有些作者，天生喜欢用复杂的长句，恨不得一句话说尽所有观点，改了很多遍，还是转不过来。有人擅长说理，有人喜欢叙事，有人长于抒情，制作人要发挥作者的强项，不能硬来。

体例是表达的另一个重点。体例强调产品要素的组合。具体来说，有针对内容的，也有针对读者的。比如一本书，作者会加上前言、后记，编辑也许会找名人写推荐序，还会增加参考文献。如果是教材，每一章也许还会加上"本章重点""要点小结"、图表、练习、延伸阅读等，为方便教学，还会配上 PPT、案例库、试卷等，业内称为"立体教材"。

形态包括内容形态和介质形态。内容形态侧重于知识点的组合。比如一本教材，就存在很多种做法。假设做一本营销学教材，可以出概论、导论、案例集、讲义、笔记、理论，甚至可以做一本营销工具集。以概论、导论、讲义为例，三者体现的是理论含量的区别。概论可以偏重各种营销理论，讲述理论之间错综复杂的关系；导论更侧重营销学的基本概念、经典理论；讲义则是挑要点叙述，注重对理论的通俗解释。当然，究竟该讲到什么程度，没有定则。如大家写小书，曾经是一种很流行的写作方式，就是找某领域的权威写大众读物，但操作起来并不容易。

当选择用不同的介质表达，如从文字转向音频或视频时，挑战更加艰巨。例如眼下知识付费平台兴盛的讲书——一种时长 20~25 分的介绍图书的音频产品，五六千字，适合在上下班途中、睡觉前的碎片化时间听。例如，《国富论》如何加工成半小时左右的讲书音频呢？一个简单的方式是，给《国富论》写篇前言或书评，然后用口语讲一遍，音频的初稿就有了。

做成视频的难度更高。纪录片应该算是最贴近知识产品的视频形态了。BBC 就曾经拍过许多让人赞叹的作品。一集时长 45 分的纪录片，实物、场景、真人、动画、解说，几乎各种因素都用上了，知识净含量依然不高。如果你有兴趣，可以挑战一下：如何展现光合作用的原理？

不同介质有不同的表达习惯和逻辑，如视听语言与书面语言差别很大，在产品制作时需要充分考虑这些区别，做到形式与内容的匹配。比如制作讲书音频，除了采用口语化的表达，还会考虑知识点的线性、单层，过于复杂的因果逻辑或层层嵌套的知识点会干扰听众的理解。对于重要的知识点还需要反复强调，以强化记忆。音频之外还会配上文字、思维导图、提炼的金句等，便于用户阅读理解。所有这些设计都是为了弥补音频产品的不足：线性播放，不易于记忆、理解等。而这些问题对于文字表达就不存在。

设计感考虑的是读者的消费体验。一本书，好的封面设计、开本、用纸、版式设计等能够激发读者的兴趣和阅读快感。体验感是影响读者是否购买的非常重要的决策因素。像礼品书、典藏书、口袋书、童书、畅销书等，都会在装帧设计上下足功夫，以激发读者的购买欲望。

形式定位变化万千，呼应了用户的新变化——人们越来越渴望美和愉悦。某种程度上来说，知识创新比较困难，而形式创新相对容易，为"新"知识产品提供了广阔的空间。比如，同一个作者讲《论语》，可以有很多种"讲法"。可以在课堂上讲，在互联网上直播，甚至可以在鸟巢体育场里讲，做成一场知识秀。同一部《论语》，也可以生产出不同的版本。从严格地咬文嚼字，到故事版本，到插画版本，只要配上不同的装帧形式，就能变化出很多产品。

在文创产品大行其道之际，形式从边缘走向了中心，也出现了新的隐患：因文害意。过度包装将内容创新挤出了中心，违背了知识行业的本质。这是值得制作人警惕的一点。

好内容配上好形式，策划案算是完成了一半，还有另一半——传播定位——需要明确。在充满海量知识产品的市场中，传播有时比产品更重要。不知你是否留意到一个现象：近几年，原来隐居幕后的企业老板们纷纷站到了前台，当起了明星。董明珠、雷军，甚至低调了几十年的任正非，都频频接受采访，占据头条和热搜。还有谁比创始人更有资格代言产品呢？作者与制作人是知识产品的创始人，为产品代言义不容辞。

传播是一项系统工程，也是持续的过程。这需要在时间和空间两条线展开交叉设计：在什么时间什么地方推进什么活动，以形成连续的影响力？

传统上，人们习惯于将传播六要素 5W1H（who，what，when，why，where，how）当作传播设计的主要内容，这带来了不少问题。这种思路忽略了两个关键因素：一是用户，一是效率。用户是传播设计的起点和终点，有了它，传播才能形成闭环。闭环的意义在于形成自我发展的系统，让系统自动创造影响力。如同将一块石头扔进水里，激起千层浪，造成"现象级事件"。效率是另一个重要指标。关于广告，百货业之父约翰·沃纳梅克曾说过一句话："我知道广告费浪费了一半，却不知道是哪一半浪费了。"这句话指出了传播的悖论：一方面必须让更多的用户知道，另一方面不清楚谁需要知道。

传播的终极目标是建立品牌。知识产品传播就是要将对产品、作者、编辑乃至出版社的认知植入用户心智。艾·里斯的一句话很形象，即"一词占据心智"。其中"一词"是指定位（独特价值），"占据心智"即塑造品牌。卖产品与树品牌区分了两种不同层次的传播理念。卖产品的目标是销量，这有很多方式可以实现，比如降价促销。树品牌则相反，以建立良好的形象和口碑为目标，产品则是传播载体。比如商务印书馆的"汉译世界学术名著丛书"，从 1905 年严复翻译的《天演论》开始，持续了一百多年，出版了 650 多种，成为中文图书的大品牌。

传播定位涉及三个问题：价值点是什么，最适合的媒介是什么，如何引爆注意力。

独特价值点，使产品既能与竞品隔开，又能激发读者欲望。在有海量知识产品的市场中进行传播，需要聚焦于最关键的特质，而不能贪多求全。早在 20 世纪 50 年代，广告界就流行 USP 理论（独特的销售主张），认为最独特的价值点，更容易吸引消费者的目光。

什么是最适合的媒介？能够将信息流和商品流同步触达目标用户的。这方面，电商是最佳选择——既能传播，也能卖货。互联网推动了直销的崛起。现在，知识付费平台已经做到精准传播。当当网上，当你浏览或购买某种书时，类似图书的信息就会出现在下方，供你选择。抖音上，无须任何搜索动作，下拉的视频总是同类主题的。

用户留下的数据，让平台变得更加聪明，不断地向你推荐。不让你选择，大概是平台的最终目标。

平台催生出IP——一种直销品牌。头部IP的带货能力不仅显示了品牌的力量，也展现出渠道的威力——经过他们推荐的商品更容易热卖。如今，头部IP开始搭建自己的供应链，俨然成了小型拼多多：将粉丝订单分包给生产商加工，这有一个动听的名字"C2M"。

制作人应该顺势而为，将作者和图书视为IP的两大来源。一本书，在传统商业模式中如扔出去的石子，可能没什么声响，在互联网时代却有可能成为生机勃勃的IP。比书更加长久的是作者，可以写、可以讲、可以演，IP的生命周期更长。在知识平台呼风唤雨的环境下，打造优质IP，将是效率最高的商业策略。

优质IP是海量竞品中的领先者。那么如何打造IP？这就需要"爆款"——一种瞬间引爆网络、引爆注意力的产品。爆款的关键在于"爆"。畅销书《引爆点》总结了三个通用法则，解释了爆款的传播原理。

一是关键人法则。即传播中的KOL（key opinion leader，关键意见领袖）掌握着议程建构——大众该讨论什么话题——的力量。权威媒体、专家、"大V"、明星，各种拥有一定数量粉丝或专业度的人都算是传播KOL。找到他们，让他们代言。传播学中的"二级传播"理论做了解释：人们受到的影响更多地来自身边的熟人和遥远的专家。

二是附着力法则。即信息传达能否让人难忘。比如"标题党"的做法——制造违和感、失衡、冲突、不安全感等——都与人的情绪相关，操控的是人情和人心。虽然传播效果不错，但有些做法突破了道德边界，不学也罢。

三是环境威力法则。简单说，就是顺势与造势。羊群效应彰显了群体认同的力量。当领头羊的叫声响起，羊群如同着了魔一样跟随。"魔弹论"揭示了背后的原理：人在群体中很容易失去理性，就像被魔弹击中，任人摆布。

引爆注意力，至少涉及三个要素：势、人、燃点。它与爆炸现象如出一辙，炸药、引线以及点火的人，一个都不能少。

到这里，一份知识产品的策划案——包括优质的内容、适合的形式、有效的传播——就可以收尾了，也为制作人的行动提供了指引。

三、资源

资源是生产投入。制作人有什么资源？多少资源？关键资源如何？怎么组合？这些问题影响了产出。盘点资源，是制作人从策划转向行动的第一步。

无资源，不制作

没有资源，定位及策划案就如一张完美的设计图纸，你不会得到一座漂亮的建筑；资源不够，你只能得到一座烂尾楼。

有一位朋友，多年前从社会出版社来到大学出版社。让他到新单位的主要原因是该大学社突然有了做社会读物的计划。领导认为，畅销书要比教材、专著的社会影响力大得多，而他在此前出版社的经验和资源为他赢得了新的岗位。

一到岗，他就开始大刀阔斧地搞起了畅销书。他花大价钱引入了多部美国文学作品，邀请熟悉的译者进行翻译。一年之后，书稿被加工成极具设计感的图书，领导大笔一挥，首印3万册。没想到，卖了不到半年，发货就再也没有动静了。又过了半年，剩下近两万册库存——销量竟然不到首印数的一半。

经此一劫，他陷入了深刻反思。他发现，并非图书本身的内容与包装不行，而是出版社的品牌、宣传力量及渠道网络不对。原来的出版社以做社会读物见长，不论是系列图书策划，还是运作能力、渠道资源，都非常成熟。而大学出版社的渠道以教材书店、图书馆等为主，很少有大规模的宣传活动，投入也不够，导致首发量也不高，造成库存积压完全在情理之中。

如果他懂得资源禀赋这个词，也许就不会遭遇如此惨痛的失败。简单来说，资源禀赋是指行业以及企业所具备的生产要素优势。比如出版业，资源禀赋是智力密集型，最重要的资源是作者、编辑与渠道。而在出版业内，大学出版社与社会出版社的资源禀赋也有明显差异，这是由其产品——教材与社会读物——的特性决定的。他在大学出版社做畅销书，忽略了机构的资源禀赋，资源与产品不匹配，才出现严重的库存积压。

资源不匹配在传统出版社的决策中随处可见。就拿选题论证制度来说吧。选题表相当于产品开发目录，一旦选题通过，就意味着实际投入。一张选题表，内容包括作者信息、内容信息、出版信息、市场信息等，很少有关于资源的信息。所谓论证，多集中于以下几个问题：作者有名吗，有竞品吗，有市场吗，出版条件如何。至于投入什么，投入多少，如何生产，如何销售，能否延伸，很多是空白。不少出版社甚至将选题完全视为编辑部的事情，不让其他部门参与。

"以编辑为中心"的说法在出版界流行甚广，从资源角度看，编辑是出版流程中的关键资源。还有其他的说法，比如"渠道为王"。业内人士应该对此颇多感受，当当、京东等大型电商是何等地位，看看发行折扣就明白了。何况，渠道有了海量用户，为什么不能自己做书呢？"渠道为王"所言非虚。产品多了，销售越发重要。因此，发行、宣传、设计人员以及渠道也是不可或缺的资源。

知识产品需要哪些资源？哪些是关键资源？如何获取这些资源？怎样组合效率更高？这些问题非常重要，但在实践中，不少人不仅资源意识不强烈，而且偏见还不少。比如，请回答如下问题：作者、选题、书稿，到底哪一样才是真正的资源？我敢肯定有不少人会选择作者或选题。在我看来，既非作者，也非选题，而是书稿。作者如果写不出书，最多只是个朋友；选题根本不是资源，谁都可以坐在家里想出很多选题。书稿不一样，直接为编辑、出版社创造收益，带来价值。由此，记住资源的第一法则：能创造价值的才是资源，能创造高价值的就是关键资源。

那么，要打造一个畅销的知识产品，到底需要哪些资源呢？下面这幅图大致包括了图书产品所需要的资源类型。

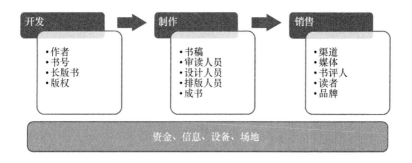

以图书产品为例，在不同阶段，涉及资源类型不同。同时还需要让整个流程跑起来的共同资源，包括资金、信息、设备、场地等。

资源投入在经济学上被称为生产要素，主要有四种：自然资源如土地、能源，资本如资金、原材料、设备等，劳动力如生产研发人员，还有企业家才干如管理知识，后来又增加了一种——信息。作为有质无形的资源，信息的获取和理解对于决策至关重要。

也可以将资源分为有形和无形两种。自然资源、原材料、设备之类等可见资源称为有形资源；另外的资源则看不见，如专利、品牌、知识、技术和信息等就叫作无形资源。总体上而言，无形资源对于企业越来越重要。

还可以将资源分为人和物。人是第一生产力，能够主动创造价值，独立于其他资源。知识产品作为智力密集型产品，更需要将人放在核心位置。

如同任何行业，知识行业也有所谓稀缺资源——一种不可替代、难以复制的生产要素，足以构建核心竞争力。比如，制造芯片的光刻技术就是智能手机行业的关键因素，锂矿就是新能源汽车的关键因素，名导演是电影行业的关键因素，不一而足。对企业来说，占有稀缺资源就能取胜。对知识制作机构来说，名作者、机构品牌、良好的客户关系、畅通的渠道、大牌编辑、长销品种版权等，都算。

对制作人而言，充分理解资源类型，聚焦关键资源，进行创造性的组合，是建立个人优势的主要途径。换句话说，一本书的成功不算成功，多本书持续成功才算成功，而这很大程度上取决于制作人的资源状况。

七种关键资源

想到≠做到，做到≠做成。在想到与做成之间，有资源的阻隔。有七种关键资源是制作人职业之必需，分别是作者、团队、书稿、长版书、制作经验、声誉、KOL。它们可以分为三类：人力资源（作者与团队）、产品资源（书稿与长版书）、品牌资源（制作经验、声誉及 KOL）。以下将分别介绍。

首先来看人力资源（作者与团队），这是一切工作的基础。很难区分作者与团队谁更重要。作者可以引来团队，团队也可以带来作者，相辅相成。在竞争愈加激烈的今天，团队第一。通过团队合作做好并卖好产品，是对作者最大的尊重与回报。而将作者纳入制作团队，则是优秀制作人的首要法则。

　　制作人是负责人，不是原创者。因此，制作人的首要职责是选择优秀的作者。判断作者是否优秀，有一些确认的方法。例如，作者已经发表的作品，如出版过的图书，或者在媒体上发表过的文章——不管是传统媒体还是新媒体——都可以作为判断的依据。为了更加客观地做出判断，编辑还需要听取专业人士，比如行业专家的意见。一些硬指标，比如获奖的数量与级别等，都算是能力的证明。那么，头衔能不能算作评价标准？不得不说，头衔是很有效的社会通行证，但未必是创作能力的保证。

　　作者能力≠内容品质。比如，即便是畅销书"大神"，也不能保证创作的每一本书都是精品。许多作者成名之后，往往涉及更多的领域，导致创作水准越来越低。名不副实，常常发生在出名之后。要理性地看待作者的专业能力，一个人在某个领域深耕多年，作品非常集中，通常是比较理想的作者。

　　找优秀作者不易，约稿更难。通常，不是你挑作者，而是作者挑你。一个领域内，有名的、优秀的作者就那么多，追求者却很多，凭什么他要将作品交给你呢？有时，作者近在咫尺，却远在天涯。

　　制作人与作者的距离，是由作品来丈量的。如果想认识一位新作者，送他一本自己制作的好作品，或者经老作者介绍认识，是不错的选择。在建立关系方面，名片的说服力远不如作品和熟人：好作品证明了制作人的能力，熟人证明了制作人的人品。能力和人品正是优秀作者最关心的两样素质，谁不希望把自己的作品交给经验老到又认真靠谱的制作人呢？

"交情太重要了"，每次与同行交流，这句话被提及最多。交情靠做人做事，日积月累而成。作者其实不是一个人，而是一个圈子，师承关系、同事关系、朋友关系，编织成了错综复杂的网络。与一个人交往，便是与一群人接触。只要一位作者认可制作人的能力和人品，口碑就会沿着人际网络传播，新作者就会源源不断。作者关系并不复杂，只要记住"人以群分"就可以了。你的水平将决定作者的水平，你的为人将决定作者的态度。最重要的是保持真诚。

作者是宝藏库。不仅因为作者可以为你创作作品，还能带来更多的资源：介绍新作者，策划新选题，为你背书，带来用户，进行宣传，等等。你能做的，作者都能参与；你不能做的，作者还能做。跟作者做朋友，会让制作人受益无穷。

与作者成为朋友，有很多种方式。最重要的是这个问题：你能为作者创造什么价值？知识产品是联结作者与制作人的纽带，因此，只有让作者看到你在知识制作方面的创造力，让知识产品经过你的加工变得更加优质，才是最有力的纽带联结。

分享一个案例。大概十年前，媒介改革如火如荼，进而出现了一个趋势：传媒经营管理逐渐成为显学，进入传媒教育体系。也有一批学界作者纷纷转向这一领域，跑马圈地，出了不少书。但是这些书有明显的短板："两张皮"问题，理论严重脱离实际。当时我有了一个大胆的想法：找传媒集团的老总来写一本真正的媒介管理实践的图书，是否更有市场？

通过各种关系，终于找到了一位理想的作者：有丰富的实践经验，而且有写作意愿。没想到的是，从对方答应写作到交定稿，耗费了整整四年时间，面谈了不下十次，改动超过十版。其间，作者还经历了职务变动，一耽搁就是一年半载。尽管如此，作者从未放弃写作念头，我也很坚持：每次见面之前，我都会认真准备，总能给对方一些启发和建议。若细细盘点一番，重要的环节至少涉及七个方面。

- 确定图书的定位——写给大学生看的实用教材。

- 细化内容的大纲——按照传媒企业掌舵人的视角，从宏观到微观列出重要议题，并进行归类。

- 确定教材的特色——以实践原则而非抽象原则为骨架，以典型案例为血肉，以解决问题为重点。

- 简化教材结构——将传媒管理理论压缩为一章，主要内容按主题并列展开，有意淡化严谨逻辑。

- 优化图书体例——章首有提要，章末有结论和分析材料。

- 确定写作风格——行文直白、简洁，以表达清晰准确为目标。

- 调整创作方式——从开始的团队写作到最终作者个人创作，经历数次调整。

这本书作者付出了巨大心血，我自己也投入了足够的精力。当看到作者在后记中用整段文字叙述我参与的过程时，我可以感受到他的感激之情。

深度介入知识产品的创作，既是制作人最富激情和有趣的工作，也是帮助和感动作者的行为。在频繁的观点碰撞和有洞见的创作过程中，双方的信任感、认同感和能力都会得到提升，进而形成制作人和作者之间的良性循环。

这种良性循环的建立，很多时候依赖于团队协作。也许制作人可以独立完成作品的创意和策划，但无法完成知识产品的全流程：光是落实"三审三校"制度就意味着一本图书的品质控制已经涉及很多同事。而后续的诸多环节，不管是哪种产品形态，都是各部门分工协作的结果。

越是复杂的知识产品，越需要团队协同。比如一部纪录片，本质上也是知识产品，至少涉及以下人员：制片人、顾问、导演、副导演、摄影、解说、特效、监制、场务、剪辑、作曲以及各种各样的外包团队。请你判断：到底谁才是制作人呢？实事求是地说，制作人是整个团队。

团队在执行过程中总会发生冲突和分歧。如果冲突得不到及时化解或者团队无法达成共识，不仅影响产品质量，也会伤害与作者的关系。

举一个例子。我曾在一家出版社出过书，结果遇到如下情况：先是一位策划编辑与我沟通图书选题事项；交稿后，法务人员对接合同事务，同时另一位文字编辑开始跟我打交道；图书正式出版以后，一位负责新媒体运营的工作人员跟我联系线上推广的事宜；再后来，又有一位工作人员跟我谈发放稿酬的事情。一本书做下来，有五个工作人员分别与我联系——该出版社有了效率，可是"忙坏了"作者。如果出版社负责对接的是同一个人，在交稿之前就有一张"路线图"，也不至于让作者疲于应付。

团队协作的效率涉及交易成本——不只是内部，也包括外部，失控的冲突将使团队错失市场机会、失去作者的信任以及浪费宝贵的时间。而机会、信任关系和时间也是容易被忽视的重要资源。

再来看看两种产品资源：书稿和长版书。它们是制作人能力的最佳证明，也是职业发展的重要保障。

书稿与长版书作为知识产品的两种形态，代表了制作人与作者的合作成果。书稿是未完成的知识产品，长版书是成功的知识产品，证明了制作人的价值。

"算法"一章中我们提到了长版书的重要性，虽然是对传统图书编辑而言，但是在几乎所有知识产品领域，长销的头部产品都贡献了主要的收入和利润——这是由"二八法则"决定的。长版书为制作人创造了诸多便利，除了收入上的高回报，还展现了制作人的能力和经验，为制作人积累了行业经验、声誉以及最重要的——存量资源。

一本长版书至少有三大财富：作者、内容和品牌。长版书的作者可以修订老版，也可以创作新版，同时还能介绍其他作者。长版书的寿命从几年到几十年不等，一个重要原因是与时俱进，不断将新知纳入体系之中；而且长版书的内容也可以被引用、转化、重构，当长版书成为某一领域绕不开的必读书之时，就成了经典。长版书本身就是知识产品中的品牌，可以为制作人开发新选题、新领域创造条件。比如，一种经常采用的方式就是系列化，将一种或几种长版书归入一个系列，从而带动系列中新书的销售。

还有一种长版书——公共版权的经典——隶属于所有人。这些历史经典养活了无数制作机构和制作人。特别是那些已经成为公版书的经典，被加工成各种形态的知识产品，如前面提到的《论语》，图书只是其中的一小部分，音频、视频、演讲、课程、训练营等，每一种媒介形态的出现，都让《论语》复活一次。

依托存量资源做增量，是风险小且回报高的增长方式。但不少出版机构似乎有点"喜新厌旧"——将注意力和人力资源投入在新书上，一年出版成百上千种，但是存活下来的图书少得可怜。新兴的知识平台反其道而行之：对于公认的好书，他们不遗余力地进行转化，开发各种电子书、有声书、讲书、课程，有些甚至连版权费都不用支付。

长版书如此重要，理应成为制作人的追求。让每一部书稿成为长版，给书稿注入长版基因，最考验制作人的能力。多年以前，曾与一位非常优秀的新闻编辑聊天，他讲了一句令我至今难忘的话：在真正优秀的编辑眼中，没有救不活的书稿。这句话的意思不仅指编辑需要拥有点石成金的本事，更重要的是表达一个真理：好书稿是反复打磨出来的。

葡萄牙有一位艺术家叫阿图尔·波达洛，他用生活垃圾、废品创作了许多艺术品，蜚声世界。一本书稿，在不同制作人眼中也是如此：有人当作废品，有人视为宝贝。奇怪之处就在这里：当你手里拿着锤子时，眼里都是钉子，反之亦然。将书稿看成宝贝，你就会动用一切手段让它成为长版。

化腐朽为神奇，本身并不神奇，这是长期训练的结果。如同庖丁解牛，制作人不断与作者交流，不断做书，不断总结提炼，自然而然就有了"手感"。当然，如果训练方法得当，可事半功倍。比如标杆学习。

标杆即优秀典型。对制作人来说，好书、大牌作者、资深编辑、营销高手，都是值得学习的榜样。让自己变得专业，就要懂得"反向工程"——从产品或作者推断策划和制作过程。同样逛书店，读者看的是书名、作者、内容。制作人看的是选题、视角、卖点、装帧、定价、结构、宣传等产品要素。资深制作人会看得更深、想得更多：一本书何以能够长销不衰？读者选择一本书的主要因素是什么？什么样的新书更容易成功？有没有可能将一些书做得更畅销？将热卖图书与一般图书进行比较，跟自己的工作进行关联，甚至约见相关的编辑、作者，沟通成功或失败的细节，坚持这样做，眼光、感觉、能力就会越来越好。

不要将写好书稿看作作者的义务，而要看作自己的责任。建立起这样的信念，制作人才能投入足够的时间、精力和耐心，书稿才更有机会变成长版书。

最后是三种品牌资源：制作经验、声誉、KOL。这些支撑了制作人的长期发展。

每种职业、每个岗位，都有核心能力。核心能力驱动了职业发展。知识制作人的核心能力即制作经验，这一点毫无疑问。因为有丰富的制作经验可以不断创造优秀产品。

在经济学的基本原理中，企业家才干、知识都被列为生产要素。与其他生产资料相比，才干、知识才是"创造性的"资源——让其他资源增值的资源。

知识产品尤其如此。知识产品具有一种独特性：在大规模的复制中，几乎没有边际成本。知识产品的复制越多、传播越广，价值越高。绝大多数知识产品并没有从 0 到 1 的原创，而是从 1 到 N 的组合。

一部《红楼梦》产生了"红学"，一本《国富论》开创了一个学科，一篇五千字的《道德经》影响了无数的人生。这些才是真正的原创。孔子的思想见识，在其时如高山星辰，却选择"信而好古，述而不作"，整理上古文化。如果将孔子视为知识制作第一人，谁还能怀疑制作人的创造力和影响力呢？

同样是加工已有的知识材料，制作人之间的差距判若云泥。在做编辑的很长一段时间里，相信很多同行跟我有相似的焦虑：这份职业真的有专业壁垒吗？比如，假设一位作者是某专业的教授，他拥有比你更丰富的专业知识、更多的专业人脉、更强的写作能力以及更为前沿的视野。如果他也做编辑，你能做得过他吗？

这种焦虑感随着职业经验的积累逐步消失，这源于两方面的开阔。一方面，自己不断尝试新项目、新领域、新形态，发现专家无法替代杂家。制作人吃的是"百家饭"，也许教授擅长某一领域的知识创作，却难以适应跨领域、跨学科的任务。另一方面，被替代的风险存在于任何一项职业中，编辑如此，教授亦如此。知识丰裕的互联网时代，有多少职业不能被取代呢？制作人会不会被淘汰，问题只有一个：有没有知识产品的创造力？

制作人的创造力围绕一个中心问题展开：我能创造什么样的价值？比如在策划阶段，为作者创造价值就是主要任务，涉及三个要素。一是市场眼光。知识产品卖给谁？前景如何？满足何种需求以及通过何种方式能够到达目标读者群？二是制作经验。帮助作者形成具象的产品概念，呈现作品的内容和形式。三是专业能力。跟作者对话，需要制作人具备专业知识积累，充分了解作者的专业水平、表达风格，并且就具体的专业问题展开讨论。

市场眼光、产品经验和专业能力构成了制作人的策划能力，用来解决一个中心问题：如何将创意转化为实际产品？优秀制作人都有一种类别化的思维以及快速落地的"套路"——长期实践中形成的有效经验，帮助他们不断创造精品。

声誉是行走社会的通行证。比如，出版社出书、读者买书、知识平台选书，都要看作者、挑经典。知识产品比其他产品更依赖于声誉证明——排行榜、口碑、书评、奖项、点击量等，都让主观的知识产品变得"客观"，成为用户决策的依据。

制作人的声誉往往是"小圈子"。制作人不得不习惯"孤单寂寞冷"的边缘位置，就像明星背后的服务团队，企业家手下的无名员工，制作人的定位就是幕后人员。你可以捧红一本书或一个人，但你的名字永远都在角落出现，寂寂无名。在工作中，每当碰到作者不愿意修改书稿时，我会直截了当地告诉他：你的名字印在封面上，我的名字可以不出现，如果你无所谓，我更无所谓了。但这种诉诸"尊严"的方式并不总是有效，特别是对声誉满不在乎的作者。

然而，不要低估声誉对制作人的重要性。尽管是很小的圈子——传统上仅限于作者或同行——但在一个领域总能制作精品、拥有声誉的制作人，会得到更多的作者、更多的稿件。

互联网时代拓宽了制作人的声誉边界，从小圈子迈向了大群体。制作人能否如"斯皮尔伯格出品"，将自己的名字刻在产品上呢？这绝非异想天开。其实，在娱乐行业，这种模式已相当成熟。比如电视台采取"明星制"方式培养出的大牌主持人，不少也是实际上的节目制作人。

制作人品牌正逢其时。互联网时代，知识生产者越来越多，自然需要优秀的制作人进行筛选，将优质知识产品从海量信息中分离出来提供给消费者。知识平台中，吸引用户的总是作者品牌，而制作人作为联结作者和消费者的桥梁，其品牌不可或缺，但前提是能做出优质产品。

无论是公司品牌还是个人声誉，都需要坚守一个原则：聚焦。在传统商业中，多元化扩张的方式早已被时间证明为易碎品。而这种四处出击的思维在互联网时代更加强劲，且与平台模式合流，造成了极为严重的后果。要知道，平台"玩"的就是流量——先有量，再做流，但个人完全不同，你只是其中一员，被洋流裹挟着前行，千万不要产生一种错觉：以为海啸的冲击力源于你的个人力量。

平台带来了无数的竞争者，如何从中冒头或拔尖，取决于一个问题：你的独特价值是什么？只有足够聚焦，才能发展出独特价值。开发一本《论语》类选题，可以聚焦用户如小学生，聚焦需求如考试，聚焦领域如语文，聚焦作者如名师，聚焦产品线如教辅。当你聚焦时，你的作者、产品、读者、经验都在积累，最终形成你在小学语文教辅领域的品牌。聚焦、再聚焦，扎得越深，影响越广，背后蕴藏着"小就是大"的品牌原理。

声誉依赖于传播。比如图书界的口碑平台——豆瓣读书——采取的打分制度：将所有用户的打分转化成数字，加在一起除以打分人数，就得到了评分。这种看似简单粗暴的算法有一定合理性，如果不去细究用户的构成、口味、心情、认知能力等因素的话。但它显然不是科学方法，没有经过权威量表、研究假设、严格抽样、完整流程的验证，这些评分有时也靠不住。

对不少平台来说，评分不过是一款"传播产品"：通过打分，将产品的知名度和美誉度传播出去。看的人越多，打的分越高，买的人越多。这是作者和平台都乐意看到的结果：一个追捧的"循环"。

追捧循环来自平台（或媒介）的造势能力。不断推送、名家推荐、高分背书、限时优惠，等等，都是平台的传播游戏。用户进入平台，就进入了一个超级传播系统，难以逃脱。经过传播系统放大的产品，哪怕毫无特色，也能卖成"爆款"。二十多年前有一本图书《学习的革命》，采取快消品的营销模式，投入巨大的广告费用，在各种媒介进行宣传，据说卖了五百多万册。

平台（媒介）靠做强传播获利。传统媒体抓发行量、收听（视）率，互联网平台抓点击量、转发量、评论数，都是如此。这些量化指标体现着产品的品牌"指数"：知名度、美誉度、忠诚度、联想度。指数高低决定了广告费的多少，也决定了产品的好坏。

来看一看背后的机制。首先是知名度，让更多人知道是产品的第一道关口。这是"广"告题中之义。媒体的受众（传统说法）越多，平台的用户（当下说法）越广，产品被人知道的可能性越大。有人用"注意力经济"来描述这一过程：面对眼花缭乱的产品，最稀缺的是受众（用户）的注意力。广而告之的目的就是吸引更多的注意力。

知道≠注意，注意≠兴趣，兴趣≠购买。于是，美誉度、忠诚度成为焦点，用以实现从知道到购买的转化。在这个链条中，"KOL"（意见领袖）扮演了关键角色。意见领袖出自经典的"N级传播"理论：一个议题，从作者到读者，需要经过多个传播环节，一些中间环节因传播者具有传播影响力，可称为"意见领袖"。意见领袖不只是"大V""网红"等个人，也包括机构、媒介等组织，构成了错综复杂、叠加嵌套的立体网络。一个作者有多红，一款产品有多热，很大程度上取决于意见领袖的组合，即有多少意见领袖愿意为其站台。

从知道到购买的转化，也是从知名度到美誉度、忠诚度的转换。这个过程受到意见领袖质量的影响：有多少粉丝，粉丝忠诚度如何，推销是否卖力等，都或多或少影响着用户对产品的评价、购买和复购。

互联网推动了 KOL 的崛起，改写了传播规则。作为人类有史以来最宏大的传播系统，互联网上遍布大大小小的传播节点——KOL。他们掌握了话语权，筛选、推荐、评价各种知识产品，更多的是自己生产、自己传播，左右着产品的未来。一种"传播至上"——传播高于一切——的意识悄然蔓延，滋生了不少负面现象，如名不副实、过度包装、炒作宣传。

传播固然重要，但大前提是品质。将传播置于品质之上，是机会主义的价值观；视品质先于传播，是长期主义的价值观。时间会证明一切。真正的品牌拥有穿越生命周期的能力，根源是价值观。有什么样的价值观，便创造什么价值。

发展到知识平台时代，制作人也该升级一下资源观了。上面提到的七种资源——作者、团队、书稿、长版书、制作经验、声誉、KOL——跟传统制作人的资源观已有所区别。在互联网时代，团队、声誉、KOL 的重要性日益凸显。

与传统时代相比，平台的资源配置方式变了。不理解新的配置方式，制作人的投入很可能打水漂。知识平台并非一开始就有海量规模，而是通过巨大的资金从某一个知识要素入手，逐步汇聚成平台的。比如当当网靠卖书起家，逐步发展至多品类；豆瓣靠口碑立足；知乎靠主题问答；喜马拉雅做音频；抖音靠算法推送、用户生产短视频；B站主打二次元文化……从单边——或者产品，或者用户，或者提供者等——入手，发展为双边或者多边，最终形成自主进化的生态，这几乎是所有互联网平台的终极梦想。

商业平台遵循资本逻辑：所有的投入与产出都换算为投资回报率，未来值多少，现在给多少，由数据说了算。隐藏其后的经济模型倾向于将资本流向广阔的大众市场：越是大众的，越是值钱的。那些小众的、高深的、抽象的、冷门的知识被排除在经济模型之外，哪怕它们蕴藏着真正的原创思想。

大众市场成就了一批知识网红，其中不乏"高端"专业人士。作为平台的头部IP，这些人士得到了平台的资源投入，忙于生产各色产品，参加各种节目，进入各类平台，以吸引更多的粉丝、更大的流量。疲于奔命的状态严重透支了他们的创造力，也牺牲了产品的成色。

平台上的制作人有两类，一类是公司聘用的制作人，必须按照公司的既定规则行事；另一类制作人源于海量用户，他们自己策划、制作、运营知识产品，也在平台的规则体系中寻找机会。对后者，想得到平台的资源，必须付出艰苦的努力，做出"漂亮"的数据才行。

制作知识产品，不需要太多的物质资源，主要依赖于人的创造力。这也是知识经济又被称为创意经济的原因。当你具备了足够的创造力，就不需要到处找资源，资源会主动找你。

聪明的制作人不会平均地用力，而是聚焦核心资源——人脉。作者、制作团队、书评人、媒体人，将这些知识行业的专业人士联结起来，成为他们的价值伙伴，其他资源水到渠成。成熟的制作人还会创造合作机会，让利益各方都能获益，激活存量资源，带入新资源，由此，资源如一池活水，越聚越多。

四、整合

有定位图纸，有资源保障，接下来的挑战是：一个人干，还是一群人干？知识产品从策划到交易，一人无法完成。制作人必须搭建一个系统，整合所有环节。

困在系统里？

2020年9月，《人物》杂志的一篇文章刷屏了，题目叫"外卖骑手，困在系统里"，文章讲述了外卖骑手的车祸高发率与团购网站算法之间的关系。订单数、实时路线、送餐准时率、好评率等一系列系统指标，驱动着外卖骑手"忘我"地奔跑在道路上。

近年来，加班猝死的新闻时有报道，引发热议："996的加班文化"为什么永无休止？互联网公司中，对于加班，员工早已习以为常。平台越大，交易越多，算法进化越快，如同巨大的漩涡，几乎将所有员工卷入。

出版机构也是系统，制作人会不会困在系统里？其实，无论为机构服务还是独立运作，你都在系统里。比如，经常被业内讨论的编发分离的问题，就是"困在系统里"的典型征候：两个和尚本该抬水喝，因为不肯合作，结果都渴死了。

何为系统？系统何为？用一句话来说，就是分工协作。也就是说，不同的人、事、物既各自分工，又彼此协作，共同完成目标。从一开始，系统就拥有一个前提：共同完成目标。完成得如何呢？取决于分与合的平衡。

比如，有一种系统设计叫"一字长蛇阵"，意思是自老板往下，所有的部门——研发、采购、制造、销售、服务、财务、行政等——一字型排开，各管一摊，独立运作。所有部门的负责人成立一个委员会，在固定的时间开会，讨论决策。但在实践中，每人几乎都在想自己的事，不大操心系统的事。

难道部门负责人不知道合作的重要性吗？他们知道，但是做不到。部门负责人被牢牢地嵌在岗位上，而岗位有着严格的限定：有什么权力，担什么责任，分多少利益。权责利的分配划定了领地，也确定了认知和行动边界。久而久之，系统呈现出分离倾向：人不管我，我不管人。

有这样一个例子。小刘离职了，很多同事不解。毕竟单位经营状况不赖，工作性价比不错。离职是因为这样一件事。小刘独立策划了一套书，卖得不错。按照奖金分配的相关规定，他应该有一笔不错的收入，结果拿到手却少了三成。找部门领导理论，领导告诉他：这个项目的成功也有部门的功劳，他不能一人独得。小刘问了几个部门同事，对方反馈自己并没有拿到。他猜想，钱肯定被部门领导截留了，因为只有领导有分配奖金的权力。

其实，小刘早就有了离职的念头。从他工作第一天开始，他就有一种说不清道不明的不适感。人与人之间、部门与部门之间的交流很少，跨部门办事也总是卡壳，做事的流程、规矩变来变去，他感觉，在这里做人做事很累。发生了奖金事件，他索性就走了。请思考一个问题：小刘离职，在多大程度上跟组织系统有关？

组织系统都有一定结构。有纵向层级，有横向部门，纵横交织的部分就是岗位。岗位有权力、责任、利益的具体规定，也有跟周边打交道的义务。每个岗位上都有人，因为岗位嵌在结构中，所以人嵌在系统中。

在组织系统里，岗位关系形成了人与人的正式关系。制作人完成什么指标、做什么事、有什么资源、得什么收益，首先看他处在什么岗位上。岗位不同，意味着在正式系统中的角色不同：资源配置、工作内容、决策范围、沟通对象等，都因岗而变。

换一个角度来看就更清楚了。组织系统就是一个生产机构，从外部投入生产资源，经过组织系统的转化，输出产品，通过交易获得资金，继续投入生产。概言之，组织系统是一个再生产循环，结构不同，效率也不同。

小刘在单位所感受到的不配合、不积极、不来往，与特定结构相关。这种结构叫作科层制，强调分工、等级、边界，时间长了，科层组织如果逐渐生锈、僵化、失灵，就会将所有人困住。

将"想到"变成"做到"

如果是个"打工人"，制作人碰到的首要问题必然是：想到了，又该如何做到呢？产品策划案就是"想到"的结果，但在落地（做到）的过程中会碰到各种困难。如何将策划案转化为实际的成果呢？这就需要整合——资源配置、任务组合、团队搭建，一个都不能少。

假设你应邀参加一次大会演讲，这在时下极为常见。邀约时得知了如下要素：时间、地点、会议主题、嘉宾安排、演讲时长。你会怎么做？

如果你是一位有经验的演讲者，就能敏锐地捕捉到几个关键信息：会议主题规定了演讲的领域，嘉宾的数量、顺序影响着演讲的视角，时长决定了演讲的篇幅。你也会注意到缺失的关键信息：听众是谁？会议的真正目的是什么？邀请你的理由是什么？当你想到这些问题的时候，视角再次发生了转变：从演讲本身转向了场景环境。你要制作的演讲"产品"需要匹配特定的会议场景。

继续深挖，新的问题开始浮现：众多嘉宾中，如何让我的演讲引人注目（或者不能过于突出）？为了达到这样的效果，我该做什么准备？这些问题引导你进入具体的演讲制作环节。

为了做一场精彩演讲，你开始了精心准备，辟出专门的时间，集中于PPT的制作。这是一个颇费脑力的任务，搜集资料，梳理大纲，设计结构，最后形成PPT。你对着PPT讲了一遍，发现严重超时，于是进行删减。这个过程痛苦而纠结，你想出一个办法，找几个朋友作为听众，对着他们讲了一遍。根据他们给出的建议，你又做了一次调整，这下放心了。

属于你的时刻终于到来了。但是会议现场出了意外：前面的嘉宾由于时间没有掌握好，占用了你的演讲时间；台下的观众已经烦躁不安，议论的嗡嗡声不时传入你的耳中；会议主办方抱歉地提醒你，压缩10分钟。那个时刻你慌了，当主持人宣布欢迎你上场时，你的脑子一片空白……

上面的场景经常发生。我自己曾有多次这样的经历：在会议中，演讲才进行到一半，就被主持人终止了。这是一种很难受的体验，也让我明白：PPT再精美，不如现场发挥更加可靠。经验丰富的演说家，如春晚主持人，可以从容应对几乎所有的突发事件。PPT 不该存放于电脑中，而应储存在头脑里。

如果将演讲者视为制作人，那这个虚构的故事涉及很多变化。

首先是角色的变化。从演讲者转向制作人，是第一次变化，随之而来的是产品意识——你会思考，怎么做才能奉献一场精彩的演讲。第二次变化是从制作人转向参与者，你会重点关注：在这次会议中，怎么做才能出彩？与第一次变化强调产品的"普遍"标准不同，这一次强调具体要求。第三次变化是从参与者转向整合者，即通过配置资源、快速行动，回答如下问题：怎么做到出彩？前两次都是"想到"出彩，第三次是"做到"出彩，一字之差，却体现出焦点不同。整合者的目的在于实际做成，而不仅仅是纸上谈兵。

其次是视角的变化。演讲者看到的是观众，制作人看到的是 PPT，参与者看到的是竞争者（其他嘉宾），整合者看到的是资源和行动。角色变化必然带来视角的变换。这些变换对于制作高品质的产品至关重要。比如说，演讲者的视角提供了产品的终极标准——观众的喜爱，将观众作为演讲的目标，可以避免以演讲者为出发点的弊病。事实上，大量失败的演讲都是"自说自话"导致的。将观众作为起点，自然就需要将观感带入 PPT。作为演讲的知识载体，制作 PPT 时必须充分考虑观众的理解力、兴趣、参与感、交互性等。参与者的视角会让你意识到：与多位嘉宾同台演讲，保持与众不同才是吸引观众的利器。这不仅要求内容上有区别，或许更重要的是演讲风格的设计，理性一点还是煽情一点，正经一些抑或幽默一些，都是应该慎重考虑的因素。当然，要让以上的各种考虑变成现实，你还要跨越一道障碍：用实践来检验并调整产品设计，你需要一个真实可触的产品原型，让第一批用户反馈他们的体验。

角色与视角起源于岗位，继而随产品制作进程不断变化。比如，离职前的小刘是一个普通编辑，处于编辑部结构中的最底层，工作以图书的审稿、加工为主。业内都知道，一本图书从交稿到出书涉及许多流程，光三审三校就涉及至少五六个人，更不用说排版、装帧、印制、物流、销售等环节了，通常都由专门的部门负责。

小刘能够独立完成的事情就是一审，剩下的任务都要寻求其他人或部门的合作。出版业有责任编辑制，即一个编辑对整本书承担责任。换言之，从策划到出版，责任编辑都得管，虽然大量流程和任务自己既做不了，也定不了。如果其他人愿意配合，进程就顺利，若不肯配合，责任编辑就真的心力交瘁了。

组织结构是分工的结果，人们相信，分工可以提高效率：一个人长期做一件事，会更熟练、更专业。将原材料转化为产品，需要所有岗位、所有人员的通力合作。这就是整合——发挥系统的整体作用，而不是个人力量。但实际上，因为过度强调分工，连续的流程被割裂，部门、岗位如同河流上的堤坝，切断了水流，丧失了活力。

整合将"想到"变成"做到"，怎么做呢？有一个经典理论——PDCA 循环，展示了理想的情形。

PDCA 循环是管理学家戴明（Deming）提出来的，分为 4 个阶段。其中，计划（plan）指制定行动计划；执行（do）是实施计划；检查（check）是对执行结果进行检查评估；处理（action）则是成果奖励和经验总结，进而调整目标，形成新一轮循环。PDCA 循环是一个整合系统，确保用精细化的行动步骤达成质量目标。

PDCA循环为制作人的整合行动提供了思路。具体来说，制作人应掌握以下3点。

首先，用一个合理、可行的目标来引导制作流程。目标不仅能用来评估最终成果，也指导资源配置和行动计划。比如，一场演讲，根据目标是让现场观众喜欢，还是让会议主办方看重，会采用不一样的产品设计。

目标制定中最难的部分来自合作。知识产品的生产不是制作人的独角戏，从选题策划开始，就面临着合作障碍。比如，你有一个很好的设想，却找不到合适的作者；找到作者后又会出现写法、内容、交稿、质量等方面的各种分歧；生产过程中，你需要跟各个部门的同事进行沟通，确保产品又好又快地制作出来；产品面市后，你还得跟市场、销售、运营等部门配合，期望卖得更多。如果各方积极配合，流程畅通，心情自然畅快；如果处处受阻，一轮走下来，你会心力交瘁。做过编辑的都知道，心情舒畅是梦想，精疲力竭是常事。根源就在目标冲突。

比如困扰一些传统出版社的问题——编辑与发行的矛盾，体现了不少企业的常见冲突：研发、生产与销售之间总是难以达成一致，因为各有各的服务对象、任务和指标。除非有一个共同的目标能够整合各部门的诉求，否则冲突永无休止。

冲突也发生在个体身上。以图书编辑为例，常见的冲突至少包括：赚钱与赚名的冲突，赚快钱与赚慢钱的冲突，现有能力与职业理想的冲突，做书与卖书的冲突，时间、精力、资源的分配冲突，等等。这些冲突常常让知识制作人陷入失控、无力的状态。

避免这些冲突的方法便是设定目标：在当下与未来之间，在现状与期待之间，在能力与机会之间，找到里程碑，串联起职业路径。这些里程碑，就是创造实际成果，用知识产品积累自信心——不仅是成功的经验，也包括失败的教训。如果没有目标，就无从判断成败。

其次，有一套有效的行动计划，包含合适的人、正确的事、具体的成果以及相应的投入。

仍以演讲为例。不要小看一场演讲，从行动计划来看，它涉及的要素还不少：相关人员除了自己，还有主办方人员、其他嘉宾和观众，无论在场或不在场，他们都会对计划产生影响；仅你自己做的事情，就包括多方沟通、搜集资料、制作PPT、开展演讲训练等；成果在不同阶段有不同的呈现形式，比如PPT并非演讲的最终成果，你在台上的慷慨陈词才是，甚至还包括后续的媒体发布；投入的除了时间、智力之外，还包括花钱查资料、请人把关，或者置备新的行头。

光是一场演讲就涉及这么多要素，更加复杂的知识产品如图书、纪录片、论坛等牵涉的人、事、物更多、更广，如果没有一套行动计划作指导，实施起来会寸步难行。

最后，懂一点管理。用最简洁的话来说，管理就是让正确的人干正确的事以取得成效。有管理和没管理的差别体现在效率上：在同样的资源投入下，管理水平决定了产出。仍以演讲为例，同样的场景，你所花费的时间、精力和金钱大致相同，但是如何使用这些花费，将决定最后的演讲效果。比如，你是花大把的时间在PPT制作上，还是在演讲训练上；是自己埋头做PPT，还是先找专家咨询再来做——这些选择和组合就是管理。关于管理，德鲁克（Drucker）的一句话"把80%的资源投入20%最重要的事情上"指出了提升整合效率的最佳方式。

整合需要出色的管理能力。一些大型项目，比如词典的编撰，涉及的资源之多、工序之繁、周期之长，通常要求设立两个团队来进行管理：一个是编委会，负责词典的内容与形式；一个是执委会，负责进行相应的资源配置，处理各流程的工作，从联络、审读、评估到印刷、发行等。

设定目标、制定计划、有效管理构成了制作人的 3 项整合能力：目标确定方向与标准，计划确保步调一致，管理确保过程的顺畅。

用系统推进行动

具备了 3 项能力，是不是整合就变得容易了呢？结果一定有，但好坏难料。试举一例。

一本书从无到有，再到正式出版，两个月内完成，有没有可能？正常的图书出版周期，从定稿到成书，至少也得 3 个月时间。我就遇到过 3 个月出版一本书的"危机"事件。

某单位三十周年庆快到了，"一把手"希望将庆典办得更有文化气息，有一天突然冒出了这个想法：出一本书，记录组织过去的辉煌，还能送人做礼品。问题是，时间紧迫，周年庆典就在 3 个月后。

虽然这类书有些背离制作人的"传世图书"理想，但迫于完成 KPI，多少还是要做一些。接到这个活，最大的挑战是：3个月后便是庆典，而纪念文集一个字没有。怎么完成这项"不可能"的任务？

对于这样的"急就章"，指望质量能有多好很不现实。只能采取底线思维，即不要突破质量下限。在此基础上，速度是第一位的。庆典书如同月饼礼盒，包装比内容重要，包装精美，送人有面子，而且通常都由"一把手"主编，名人写序。正是因为这一点，我才敢答应承接该任务——该任务的成败全在于双方"一把手"的支持力度。先落实作者方，由对方老板当主编，让办公室主任来组织，迅速搭建写作班子，主要任务是寻找媒体已发表作品和企业内刊文章，按照一定的结构进行归类。这就省去了大量的"二次创作"时间。

同时，对方"一把手"携主创人员与本社领导见了一次面，双方高度重视，以对方办公室主任和我为首组成了项目团队。将该书列入"一把手"工程，是驱动各个环节配合、调配资源的关键步骤。

初稿在半个月内就汇编完毕，责任编辑从一开始就要参与其中，以避免返工。编辑的加入可以确保图书的质量标准在创作阶段就得到贯彻。三周之内基本完成所有制作环节，但仍有一些不可控因素，如名人序言迟迟不交，图书信息批复下不来。要预想所有容易出现的纰漏，并准备预案。

在精装/平装的问题上，对方很坚持。由于精装制作周期太长，最终选了折中方案：先快印一部分平装书在庆典上用，精装书同步印刷，用于庆典后赠送。一些看似琐碎的问题，比如封面设计、署名顺序之类等，如果达不成共识，就会影响全流程。不过，虽然一波三折，意外不断，图书还是如期完工。

仔细复盘，之所以能在短时间内搞定这样的紧急项目，主要因为做对了三件事。首先，图书制作工作繁杂细碎，不能按常规流程走，而应该让"一把手"驱动，将该书拎出来，走"空中走廊"，扫除了很多障碍。其次，任务并行处理，可以极大地压缩周期。最后，搭建强有力的项目团队，必须将创作者和制作者整合为一个团队，指定专门的负责人，建立沟通机制，盯目标、跟进程、带节奏，才能确保图书的顺利完成。

上面的"极端"案例虽不常见，却道出了非常重要的事实：对于知识产品的制作进程，个人驱动与系统驱动，差异极大。原因在哪里？制作效率取决于系统而非个人。

研究卓越组织的柯林斯（Collins）写过一本畅销书《基业长青》（*Built to Last*），提出一个核心观点：伟大的企业家都是造钟师，不是报时鸟。这里的"钟"是指组织系统，"时"是指偶然的好业绩。柯林斯用这句比喻揭示了极为重要的商业原则：想要基业长青、永续发展，靠的是组织系统，而不是个人的"英雄行为"。

对于制作人，这句话千真万确。越是复杂的知识产品，越需要合作；越有品质的知识产品，越需要整合。靠个人驱动，好产品如同报时鸟，是偶然的小幸运；用系统驱动，好产品会源源而来，惊喜不断。

不论身在组织，还是自主创业，制作人都需要一个卓越的整合系统，来完成知识产品的全流程——从策划到制作，从销售到服务。有一个例子能够展现系统的整合力量。

我曾参与过朋友组织的一场年会，深感复杂知识产品的整合之难。朋友开了一家咨询公司，每年一月会举办一次年会：将重要的客户邀请过来，总结过去一年的得失，讨论一些新鲜话题，既可以展示公司形象，也能拉近客户关系。两天的时间里，会有数十家客户公司的几百位高管到场，让他们高兴而来、满意而归，是年会的目标，也是挑战。

年会由朋友亲自负责，公司所有员工参与，提前 3 个月就开始准备。没有人比公司老板更了解客户、业务和市场的状况。老板定了基调：年会是一场知识盛宴，而不是节日聚会。为了让客户有良好体验，要将年会打造成值得期待的精品。于是，我成为筹备会议的众多外部"专家"之一，为其出谋划策。

将年会视作产品，是颇具新意的想法，非常符合咨询公司的特质：以专业知识作为产品，以线下面对面服务作为形式。年会也具备这两个特点，作为咨询服务的收官之作，可以为一年的企业服务画上完美的句号。

半天的讨论非常热烈，也达成了关键共识：年会的定位应该是公司与客户共同创造的"知识秀"。这一个定位暗含 3 个设计目标："知识秀"、共创形式、公司核心业务。最后这个目标是老板亲自加的，希望通过年会扩大公司品牌的影响力。

民营公司的执行高效、直接。专家会后，老板立马召集内部人员开会，干了两件事。首先，搭建了 3 个团队，指派了 3 名负责人，由自己亲自领导。由老板和负责人组成的领导小组主导工作，3 个团队分别跟进 3 条线：客户线、年会形态线、会务线。其次，讨论并确定了项目进程，明确重要时间点的关键成果，同时建立团队按周、领导小组按双周开展沟通的机制。

外部专家也没有放过，统统被拉进了线上的领导小组，随时随地征询建议。

按时间顺序，我看到的年会成果有四样。一是年会策划案，包含了时间、板块、"知识秀"形态、主持人等。最值得一提的是板块，半天为一个板块，设置一个主题，总共四个主题。"知识秀"形态有很多种：从演讲、研讨会、对话，到辩论、角色扮演、成果展示、短视频等，还穿插了游戏、竞猜、抽奖等调节气氛的娱乐环节。

二是年会议程定稿。时间、板块保持不变，形态做了删减，以演讲、对话、成果展示为主，穿插少量娱乐环节；同时加入了每一个板块的参与者及内容主题，参与者有嘉宾、公司团队、客户团队，后面还注明了跟进者的名字，以确保每个板块的内容都能落地。

三是正式邀请函。年会的邀请函如同高规格演唱会的请柬，印制非常精美，但内容比演唱会的介绍更加详细，老板以写信的方式，解释了年会的背景、目的，发出了邀请，列出了正式议程。还有一张公司的优惠卡——下一年度可以免费参加公司的咨询课程。

四是现场彩排。任何"秀"的最终效果，都以现场为准。难得看到一家公司有这样的气魄：将所有的参演者、会务人员以及"外脑"都邀请到现场看彩排，确实不能到场者则通过视频连线参与，公司根据反馈立刻改善；所有节目都进行了录像。

长达 3 个月的准备确实收到了效果。年会现场的知识含量、观众参与度极高，人们充满热情与信心，我无法想象这是一群咨询顾问整合出来的"知识真人秀"。

该案例的特殊之处在于，公司本身是企业经营与项目管理方面的专家，将年会作为大项目来运作正是他们的强项。后来有机会向朋友请教年会项目背后的执行逻辑，他的观点让我大开眼界。

他认为，成果是衡量整合能力、系统效率的唯一标准。年会涉及要素众多，为了取得成效，需要3个条件：一个是可行的行动计划，将所有的人、财、物进行整合；另一个是一支高效的执行团队，完成分工协作；再一个是沟通机制，抓住重要节点和关键成果。在没有成果之时，所有的目标都是虚的，有了成果之后，目标才变成现实。

"目标—行动—成果"，这是他在纸上写下的一句话，所谓整合，就是将三者紧密联结起来，形成良性循环。这是我见过的最为简洁的整合公式，适用于所有的知识产品，也适合所有知识制作人。

该公式的含义与杰克·韦尔奇（Jack Welch）的看法不谋而合。他说："商业的本质是一场团队运动，依靠群体的力量。"对制作人来说，出成果靠的不是个人，而是团队；高效率靠的不是个人能力，而是整合系统。

那么，制作人如何搭建整合系统呢？简单讲，整合系统是一个将物、事、人结合起来输出成果的体系。下面以图书为例，来看看这个体系该如何搭建。

首先，物的投入。知识产品所需之"物"不多，如果不算办公场地、电脑、纸张等，几乎不涉及实际的"原材料"。因此，物料可忽略不计。

其次，事的投入。知识产品的制作只包含3件事：写、做、卖。在图书行业，即作者写书、编辑做书、发行（渠道）卖书。在知识平台，就是写和卖，两件事可同步完成，甚至可由同一个人完成。在出版社，写、做、卖依次展开，条块明显。这里存在一个命题：写、做、卖 3 个环节怎样组合，效率更高？

最后，人的投入。人分内外。内部人员主要为编辑、销售和设计，外部人员主要为作者与 KOL，建议将用户也纳入考量。从商业角度，用户是所有投入的分析起点。关于人的投入，最重要的问题是：谁是高价值的创造者？答案是做事能力强的人：写得好的、做得好的、卖得好的，分别是作者、编辑、KOL。

撇开"物"不谈，知识产品的整合系统其实就是事与人的结合。知识产品制作过程由一系列活动构成，这也是搭建整合系统的第一步：聚焦关键活动。关键活动有两个评价指标：不可或缺的活动和高附加值的活动。比如选题论证、内容质量评估、作者评估等，都是关键活动。

确定了关键活动，就进入第二步：确定关键人员。所谓关键人员，就是在关键活动上能力优秀、表现出色的人。一般来说，关键活动必须由制作人承担，才能掌控整合系统。如果制作人不能胜任，那么就该找可靠的能人担当。

有了人和事，最难的一步来了：如何有机结合？如果是正式组织，通常采用两种手段：用组织结构配置资源，用管理制度控制协调。资源和管理交织于岗位——人和事的结合点。岗位是分工的结果，也是关键活动的基本单元，通过管理制度，激活岗位之间的交互协作，促进成果。

对个体而言，结合人与事，也需要完成资源配置和管理控制，只是方式不同。与正式组织相比，个体的整合系统更依赖于角色、信任关系，而非岗位和权责关系。

举个例子，在科层组织中，强调分工、等级、控制的部门和层级，限定了资源、信息、任务的流动方向，通常是自上而下的指令与自下而上的汇报，条块分割、各自为战是基本特点。如果你身在这样的组织中，有可能搭建自己的整合体系吗？虽然困难但确实可能。在正式结构之下，有一个看不见的、力量巨大的流动网络——人际关系网络。如果你在各部门、各层级都有信任的同事，就可以让制作流程更加顺畅地运行起来。当然，如果你能说动"一把手"，运行速度会更快。

为什么别人愿意帮你？原因在于他和你之间有关系、有交情，起作用的是朋友关系，不是岗位头衔。职场关系不仅是利害关系，还有情感关系。后者恰恰是更强的合作动力。

五、跟进

知识制作是一个由人驱动的动态过程，能否又好又快地推出知识产品，取决于制作人的跟进能力。

以人成事

整合注重事，侧重结构，以流程推动制作进程；跟进看重人，强调过程，以协同促进团队效率。如果说整合类似于造车，那么跟进就是开车。车跑得多远、多快、多稳，是车辆与司机配合的结果。

汽车有不同的系统，整合也有不同的体制。国有单位和民营机构，传统企业和互联网公司，在结构、制度、管理、文化、速度等方面，存在很大差异。十几年前，国家对出版社进行过一次"改制"——从事业单位转为企业，旨在通过现代企业制度释放文化生产力。在那一次改制中，很多出版社名字后面增加了4个字——"有限公司"，并配备了相应的治理形式，如董事会、监事会等。组织形式的转变，是为了实现事业单位到企业、行政主体到市场主体的性质转变。经过那次改革，经济指标成为许多出版单位和编辑的主要压力来源。

改制即变革，是组织应对环境变化的方式，包括了相辅相成的两个方面：一个匹配的组织结构，用以整合人、事、物、财等要素；一套运行机制，用以推进组织内外交互，实现组织目的。前者可称为整合，后者叫作跟进。

整合系统就像足球行业的俱乐部体系：不仅包括球员、教练，还有广泛的基础设施——从管理结构到资本结构，无所不包。整个俱乐部支撑着球队的赛季表现。假设一支球队，有一流队员、顶级教练，还有完美的战术、雄厚的实力，是不是就能保证取胜呢？"足球是圆的"就说明了一切，这些要素可以提高胜算，但不能保证胜利。内部因素如队员的信任、默契、心态、个性等，外部因素如场地、气候、运气，都影响着比赛进程和最终的结果。熟悉世界杯的人都明白，"黑马"球队并不少见。

到底什么决定了比赛结果？至少可以看到3种力量在起作用：一是俱乐部体系，二是球队的整体水平，三是不可控的内外因素。如果以球队整体能力为核心，充分调用俱乐部力量，同时尽量控制不确定因素，就能将比赛成绩维持在更高水准。有没有一种方式能将3种力量汇聚起来呢？这就是跟进机制。

让系统动起来、活下去，正是跟进的使命。仍以前面的公司年会为例，可以看到整合系统与跟进机制的区别与联系。

这家咨询公司是一家民营企业，专门帮制造业企业解决管理问题。要知道，咨询公司的投入主要是人——咨询顾问和助手，交付的产品是解决方案。公司采取"合伙人＋项目制"的组织方式，即合伙人各自拓展客户，经营自己的项目，共同承担办公室、财务、行政、采购等费用。当然，项目上也可以相互支持。

尽管平时公司管理比较松散，合伙人各自"作战"，但公司年会作为一年成果的总结和展示，显然对公司所有人员都极为重要，需要所有人都投入时间、精力和财力才能开好，品牌宣传才能做好。

如何聚合公司力量、办好年会呢？公司老板和合伙人商量之后，确立了 3 条原则——一是早做准备，二是群策群力，三是沟通机制；以及 1 条主线——成果管理，即在特定时间拿出特定成果。这促成了前文提到的 4 个阶段成果：策划案、议程定稿、邀请函、彩排。4 个成果对应着年会的 4 个重要方面：年会策划、年会内容、年会嘉宾、年会预演。

怎样才能确保 4 个成果如期完成呢？3 条原则起了关键作用。早做准备留足了时间，群策群力发挥了内外所有人的力量，沟通机制保证了进程中的交流和调整。当然，不能忘了最重要的管理结构：由老板和小组负责人组成的领导小组，以及年会 3 条线的负责团队。

尽管这家公司对年会并不熟悉，但作为企业管理专家，他们将跟进机制发挥到了极致，取得了惊人的效果。

对制作人来说，跟进是花时间最多、挑战最大的部分。比如一本书，从创意到结算，至少需要花费两年时间：做一年，卖一年。在多年的编辑生涯中，我听到的最多的抱怨就是约稿难、催稿难、退改难、修订难。约、催、退、修，都是制作过程中的痛点，之所以痛，是因为书稿不是自己写的，而是作者写的。如果作者不能按时、保质交稿，整个制作过程就会中断。

只要是跟别人合作做事，难免会出现"掉链子"的情况。怎么办呢？唯有不断跟进，最好形成跟进机制。

跟进至少包括两层意思：首先，跟进是动态的实践过程。它检验的不仅是制作人的个人能力，还有整合系统的能力。其次，跟进是一套机制，确保制作进程的顺利、可控，以取得更好的成果。

跟进到底起什么作用呢？上面的段落中包含的 4 个关键词——过程、能力、机制、成果，解释了跟进的功能。一款知识产品从无到有的过程，表现为一连串的活动，活动需要能力不同的人员完成，人员需要机制进行激励和控制，最终取得成果。简言之，通过一群人的系列活动，资源变成了成果，投入变成了产出。在资源变成果、投入变产出的过程中，跟进就是不断检查、调整、优化所有参与者的能力及各个环节，促进成果的改善。由此，跟进有三大功能：盯人、成事、结果。将三者结合起来的机制就是跟进机制。

举一个例子。我曾经做过一套书，想法听上去很好——"业界专家写实用教材"，针对学校教材操作技能的短板做出改进。我费了很大的力气找到了几位既有地位和名气，也有经验和意愿的业界"大佬"，答应得都挺好。没想到，从此以后问题不断。先说结果：这套书总共规划了 8 种，最终出版了 3 种，基本上都重印了。至于剩下的几种，筹备过程中我没少和"大佬"们沟通，也采取了各种方式试图推进，但计划还是"流产"了。

或许你会想，可以签正式合同，用法律限制作者。请放弃这一天真的想法，事实上你根本不可能跟相熟的作者打官司。特别是在交稿时间的问题上，跟作者来硬的这一招不管用，会对双方造成恶劣影响。老编辑都知道，在一个专业领域时间久了，圈子很小的。

比方说业界作者。如何找到愿意写作的 8 个业界高手呢？靠的是作者介绍。先认识并且搞定一个作者，然后由他推荐其他的作者。

业界人士有一个特点：具备写书能力并且能让书好卖的基本上都是赫赫有名的或身居要职的人物。他们都很忙，自主掌控的时间极少。对他们来说，写书是一项繁重而奢侈的任务，需要整段的时间、安静的环境和平和的心态。这些，他们几乎都没有。

跟进过程漫长且痛苦。第一个痛苦是没有下文，自报完选题、签完合同之后，就很难得知写作的具体信息了。约见面没空，发信息不回，有回音的话也是"正在进行中"之类的话。面对这种状况，编辑束手无策。

第二个痛苦是边写边发。稍微上心的作者会在碎片化时间赶紧写下一些文字，发过来给你，让你提意见或者直接修改。但是只言片语的文字根本不能替代整部书稿，改了也白改。

第三个痛苦是隔段时间后突然发来初稿，结果你发现真正的撰稿者不是作者本人，而是他的几位下属，他们临时拼凑出来的稿件，内容质量根本得不到保证。还有就是作者没有写过教材，交来的内容除了不像教材，什么都像。

这些都是跟进过程中最常见的问题，怎么解决？我的做法是：盯紧作者，不行就换。

实际工作中，除了盯紧作者，编辑基本无计可施——这就是"替他人做嫁衣"的

"悲催"之处，你不是创作者，但又不能坐以待毙。若该作者无法承担写作任务，最好果断放弃，寻找替代者。什么情况下放弃？有一条经验：如果作者无法交稿是因为不可抗力所致，就该放弃。所谓不可抗力包括健康状况不佳、职务繁忙、态度马虎等。这些都是短期内难以改变的因素，又必然影响如期交稿，如果作者都无法改变，编辑更没办法。

跟进的阶段，对作者从一而终是糟糕的选择。你需要在较短的时间内，比如两三个月，就判断出作者的状况。如果确实无法推进写作，换人对双方都是解脱。怎么换？我经常采取的方法是：让原作者推荐替代人员，同时让他本人写推荐序。这样做的好处是，原作者因心怀歉意，会很认真地帮你挑选替代者，同时因为自己能够署名而稍感欣慰。

跟进的目标除了"如期"，更重要的是"保质保量"，这个问题就复杂了。仍以上面那套书为例，其中一本书的作者是某报社的总编辑。他的态度和能力都没有问题，主要困难是没写过教材，而且工作繁忙。策划的时候我们达成了如下共识。

● 每个月碰一次面，讨论书稿。其他时间通过电话或微信沟通。

● 按照出版时间倒推写作计划，形成包括 3 个阶段性成果：二级目录、样章、初稿。对每一个成果进行讨论。

● 搭建 3 人写作班子，分工协作。其中两人负责收集材料、整理案例，撰写工作由作者本人承担。

尽管执行过程中也出现了一些问题，总体上进展还是比较顺利的，他们一年后交了初稿，又用了 3 个月修改，我花 3 个月制作，成书过程总共耗时一年半。

上述案例中发生的事情，在制作人的职业生涯中司空见惯。如果没有跟进机制，大量的先期投入将付之东流。我创下的耗时最长的纪录是，一个选题签过 3 次合同，耗时长达 15 年，最终还是一场空。

说到底，跟进机制是在人、事、果之间建立强关联。盯人主要盯作者，制作人与作者的关系贯穿产品制作的始终。与作者建立紧密、信任的关系，是成事、结果的关键。结果是成事的目标，换言之，在特定时间交特定成果，可以验证做事的对错、效率。如果交不出成果，或者成果不行，就得调整做事的方式，以改善成果。边做边查，边查边学，这就是跟进的原理，也有人称之为"行动学习"——在实践中不断思考、学习、成长。

共创成果

知识产品是共创的结果。一本书、一部纪录片、一场演讲、一个音频，都需要通过一群人的努力工作才能完成。如何评价这一过程？习惯做法是用产品的收益与投入来衡量，比如销售收入、利润、成本等。这些结果导向的指标忽略了共创的过程。

企业中，过程通常用质量、成本、交付（QCD）来衡量。比如，周转率就是一个很重要的指标，用来测量单位时间内库存或资金的周转次数。QCD 及周转率表明了整体能力，在条件相同的情况下，更高的质量、更低的成本、更及时的交付、更快的周转，意味着整体能力更强，因此收益更高、更稳、更持久。

将产品制作理解为共创过程，可以确立一条关键原则：团队合作。跟进机制的成效、跟进过程的顺畅，都系于此。比如，一本书在写、做、卖的过程中，如果有团队合作，自然一路绿灯。反之，则处处是坑，无法前行。

假设制作人只有一个人，如何跟进？方法很简单：让作者成为坚定的盟友，跟进就成功了一半。作者和制作人的两人团队，不仅可以完成大半任务，而且可以推动其他人员。

比如，在跟进"业界专家写实用教材"系列的过程中，当第一本书出版之后，情形出现好转。我做了3件事情：让已出书的作者签名赠书给其他作者，刺激他们行动；让其他编辑跟进相关作者；将已出版图书的经验分享给其他作者，教他们如何"提速"。这些做法正是第一本书制作经验的复制，颇具效果。

个人跟进不同于团队作战，你必须聚焦最关键的人、事、果。比如，在创作阶段，制作人只要紧盯作者，抓3个关键点——时间节点、成果形式、沟通方式，在固定的时间节点，就具体成果及时跟作者沟通和处理，进程就可以加快。创作是作者的事，推进和改善创作是制作人的事，只要两个人沟通顺畅、达成共识，初稿就可以搞定。

人少并不是劣势。更多的人，意味着更多的事情、协调、是非。事实上，即便是团队作战，制作人与作者的盟友关系仍然是领导核心。

单个知识产品适用于个人跟进，如果是系列产品，团队跟进势在必行。有一次，某教育机构负责人找到我，打算两年内出版15种书。这样的规模显然超出了个人能力。系列书有4个特点：作者人数多，内容多元化，周期长，工作量大。同时，系列书还有一些内在要求，比如体例、风格、篇幅的统一，质量、出版时机的把控等。这些挑战要求团队群策群力，遵循共同的跟进机制。

将系列产品视为项目，是制作人需要首先确立的意识，然后要做 3 件事。

第一件事，搭建团队。系列产品有两个团队：作者团队与制作人团队。如何让两者配合呢？还需要一个领导团队，领导团队通常由从两个团队中推举出的一两名负责人组成，管理整个项目，协调两个团队。针对 15 种书的出版，我们成立了所有作者参与的编委会（对方负责）、所有编辑参与的执行小组（我负责），没有设立正式的领导小组，实际上的策划和组织都由双方负责人商定、落地。

第二件事，负责人制订跟进计划。跟进计划是一种权责机制，用于整合团队成员、任务和成果。如下表所示。

人员	项目	任务	时间	成果	指标
总负责人	整个项目	计划制订 成果评价 项目协调 资源配置 激励考核	一年	首批定稿	3 种，每种不少于 15 万字
跟进人 1	子项目				
跟进人 2	子项目				
跟进人 3	子项目				

上表包括相互关联的 3 个层次。第一个层次是权力关系，解决"谁决策、谁执行"的问题。负责人做决策，跟进人做执行。第二个层次是分工关系，解决"谁做什么事"的问题。负责人管理整个项目，跟进人管理子项目。同时，由跟进人向负责人汇报进

展，负责人指导和支持跟进人。第三个层次是工作关系，解决"共同完成什么任务"的问题。

关于共同任务，负责人与跟进人就 4 个要素进行沟通：一是具体工作，包括目标、跟进对象、关注重点、沟通形式、考核方式等；二是时间，时间是进程要素，用来控制项目节奏和行动步调；三是成果，成果体现某一阶段的行动成效；四是指标，指标用于评价成果，通过将成果和指标进行对比，找到差距和变化，然后调整行动，以此改善成果。

第三件事，建立沟通机制。包括正式沟通和日常沟通。比如，做 15 种图书的系列书的时候，我们建了两个日常沟通群：一个大群，包括编辑和作者在内，跟作者相关的重要节点、事项、要求，都在该群中沟通；一个内部群，只有编辑人员，用于就整个项目的问题和进程展开沟通。另外还有一个线下会议机制，用于在重要的时间节点（一般按照产品制作的阶段成果来确定，如系列整体规划、大纲拟定、样章反馈、初稿审核等），进行面对面的讨论。

团队构成跟进的主体，依据跟进计划展开行动，在行动过程中通过沟通机制调整进程。这样，就形成了小团队（制作人）跟进大团队（作者）的跟进机制。

即便有了跟进机制，在实践过程中还是会遇到不少挑战。这些挑战可以归纳为 3 个问题。

首先，哪些是跟进的关键因素？这一问题关乎跟进的有效性。实践中，许多制作人不分重点，平均用力，浪费了很多时间，造成了不少矛盾。试举一例。我曾多次跟大学院系合作。比如，某学院制订了三年出版计划，组织学院教师编写一套图书。事实多次证明，学院出面组织的丛书不太容易如期完成，一个重要原因是老师有自己的研究和出版计划，大量时间被占用，无法兼顾学院的要求。怎么处理这个矛盾？比较有效的做法是一开始就向学院和相关老师提出这个问题，统一学院和老师的进程。在跟进的过程中，需要两线并举：明线让院方通过正式会议集体催稿，暗线则要发挥编辑力量，针对个体催稿。如果将两者结合——编辑私下摸底之后，在正式会议上商讨主要问题，效果会更好。

一般来说，跟进的关键因素为人、事、果。关键人物主要是作者及其助手，关键任务通常跟关键成果相关：敲定大纲、撰写样章、审读初稿，是最重要的 3 件事。大纲、样章、初稿构成了跟进过程的 3 个节点，得到一种成果，就意味着下一阶段的开始。

操作的时候，应对人物、任务和成果通盘考虑。比如，逾期不交成果，这是一个重要信号，制作人如果碰到这种情况就需要了解背后的堵点和难点。所谓堵点，是指影响创作的阻碍因素，如作者时间不够、被其他事务缠身、生病等，都会影响进程。难点是指在时间、精力有保障的情况下出现的困难，如作者预期太高或太低、准备不足、有新想法等。难点比堵点更有挑战，原因是其与作者的能力相关。出现堵点和难点，应跟作者坦诚相待，商量可行的解决方案，比如延长时间，降低预期（不是降低品质），推荐合作者，改变体例，重新定义成果等。通常，方案是否可行，必须整体考虑人、事、果的匹配与平衡。

其次，如何达成共识？跟进是从人出发，推动合作的过程。合作建立在认同的基础之上。比如，作品退改是制作人面临的最大挑战。千万不要以为仔细看过作品之后，洋洋洒洒写一篇万言修改建议，作者就会欣然接受，多数时候正好相反，作者不愿合作。为什么呢？因为没有征询作者的意见。更妥当的做法是，先将疑惑、错误之处圈出来（硬伤可直接改），然后跟作者进行一次深度交流，聆听作者的考虑和意图。这样做的好处是，制作人可以克服自身的视角（偏见），站在作者角度思考问题。

与作者达成共识有两个关键点。一是对修改内容分类处理，分为必改、可改、微调 3 部分。就图书来说，有专门的编校标准作参考，这些标准限定了必改内容；可改与微调因人、因书而异，主要看双方能否达成一致。二是给出修改的理由并得到作者认同。不要就标准本身讨论，如品质标准中的逻辑清晰、结构合理、行文简约等，因为这些部分并没有统一说法；而要对改动部分给出站得住的理由，有可能的话，可以给出修改过的样章或者其他参考文本，让作者感觉到优劣之分。

最后，怎样激励作者或团队？挑战容易让人畏惧、逃避或者拖延。知识产品的创作费脑、费力、费时间，越是复杂的产品，困难越大。而且，随着知识的积累和视野的拓展，作者往往定不了稿，因为总感觉不够好，总有新想法。知识创作的拖延症和强迫症，都是跟进的阻碍。碰到拖延的作者，制作人需要增加介入的深度，如增加交流频次、对内容提出建议、将大目标分解为小目标等，这些做法可以有力地支持作者，加速进程。对于完美主义的作者，降低期待、寻求折中是比较有效的方式。遇到这一类作者，我会阐述这样一种主张：知识产品永远是一种遗憾的艺术，因为不论怎么努力，总会被后来者超越。尤其是当作者钻牛角尖的时候，这样讲非常有效。

激励也有"简单粗暴"的办法。基本原理就是"将欲取之，必先予之"，充分倾听、掌握作者的需求、痛点，想方设法满足。如果动力不足，那么为他们创造新需求、新目标。经济回报、声誉、认同感都是强劲的驱动力，前提在于制作人有把握兑现承诺。

聚焦关键、达成共识、支持激励，都与人际关系有关。当人与人之间形成信任、默契的关系时，也许就不需要跟进了。

运用组织系统的力量

平台时代，知识产品的生产方式向两极分化。流量是平台的生命线，更多的产品意味着更多的用户。鼓励用户大量生产内容，催生出 UGC 模式，构成了长尾：大量的品种，少量的需求，两者的乘积相当可观。传统的 PGC 模式——专业生产方式——仍有很大空间，那些曾经有名的生产者在平台上依然有名。专业化制作的精品在平台的泡沫中依然闪亮，因为稀缺。

在平台构建的生态中，出现了两种商业模式：大规模与小而美。大规模是平台的专利，通过设定规则、便利工具，鼓励所有用户创作；小而美则诞生于有 IP 潜质的用户，通过重点扶持、培养的机制，实现"共赢"的目标。

在 UGC 与 PGC、大规模与小而美之间，兴起了一股潮流：PUGC 与 MCN。PUGC 发端于 UGC，通过各种方式提高用户生产的品质，试图接近 PGC 的水准。MCN 则从 PGC 出发，将较高质量的内容生产者聚在一起，规模化运作。

生产方式与商业模式的这些变化，脱胎于新商业环境——基于互联网的商业革命。有人用"广深高速"和乌卡时代（volatile、uncertain、complex、ambiguous，VUCA）来描述这一革命。"广深高速"是指竞争的广度、深度、高度和速度呈指数级增长，由此带来了易变、不确定、复杂、模糊的新环境。新环境呼唤新规则，其中之一就是协同。

个体与个体之间的联结、依赖程度加深，形成了更为紧密的系统。系统运行取决于协同，也就是合作共赢的程度。这与旧环境的规律相反：旧环境中，更强调分工与竞争。

协同的凸显，改进了跟进的基础设施——系统。制作人只是系统中的一员，当系统转向协同时，制作人也必须与时俱进，转向协同式跟进。换言之，不论是松散的结构，还是紧密的组织，跟进都有赖于系统的建构。

来看一个例子。湖南卫视以自制娱乐节目见长，从《快乐大本营》《超级女声》《我是歌手》直到最近的《乘风破浪的姐姐》《披荆斩棘的哥哥》，用一个又一个现象级产品引领电视综艺的潮流。这种罕见的创造力十余年经久不衰，原因何在？其中的一个关键因素就是其"独立制片人制"以及后来的"工作室制"。

独立制片人制，是指由独立制片人负责一个项目自主策划、生产和销售等所有环节，属于项目负责制。工作室制则将项目负责制升级为团队合作制，重点从产品转向了人，并逐步自主经营、自负盈亏。独立制片人制能够实行，得益于湖南卫视丰厚的人才积累：导演接近 600 人，还拥有包括制片、演播、艺统、导摄、服化道等 100 多人的支持系统。

湖南卫视的变革源于视频网站的冲击。凭借巨量的资本，视频网站聚合海量视频节目，低价甚至免费提供，抢走了电视台的观众和广告主。如何应对如狼似虎的来自互联网行业的对手？湖南卫视的做法是主打综艺节目，制作原创真人秀节目。新的战略定位必然引发组织结构的激烈变革。独立制片人制与工作室制正是这一变革的成果。通过解构自上而下管控的科层架构，充分赋予制片人权力，湖南卫视以制片人为核心重构生产方式，释放出巨大的创造力，收获两种宝贵成果：优质产品和团队。这为工作室制的启用打下了坚实的基础。

2018年，湖南卫视成立了7家工作室，此后又增加了5家。工作室以王牌节目的制片人为首，全权负责生产和运营，对最终的业绩负责。工作室有不少实质性的权力和政策支持：人财物自主权、创新保底制度、激励和考核制度等。经过两年的运行，成果丰硕：12个工作室激活了20多个导演团队，拥有湖南卫视26个节目团队中51%的导演，主创完成了湖南卫视接近80%的自办节目量，营收超过频道总额的90%。

湖南卫视的成功，彰显了组织系统的力量。其实，在其他行业，"组织系统是竞争力之源"的观点早就成为主流。即便是"竞争战略之父"迈克尔·波特（Micheal Porter）也承认，市场竞争中，企业真正的护城河来自"组织系统"，因为战略可以模仿，而组织系统极难复制。

整合与跟进都依赖于组织系统。有什么样的组织系统，便有什么样的能力。

组织系统可以用两对指标来划分：刚/柔，硬/软。刚/柔用来描述组织的适应性——对环境变化的响应能力。硬/软体现组织系统的驱动力：是依赖于强力控制，还是依赖于软性影响。组织系统如同人的身体，包括硬、软两套机制，相辅相成。硬机制如身体的骨架，包括组织架构、权责利机制；软机制如神经、血液、肌肉系统，包含沟通、激励、培训、文化机制等。

硬机制确保组织的秩序、可控、确定，一旦过度就容易造成僵化迟钝、市场反应慢、层级分明、条块分割等各种问题，严重时会形成官僚组织，被称为刚性组织。软机制确保组织的自主、协作、创新，一旦过度容易导致组织失控、无序乃至解体，被称为柔性组织。

通过刚/柔、硬/软的两两组合，就得到了下面这幅图，图中简单勾勒出 4 类组织系统及其相互关系。

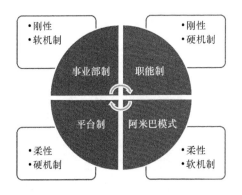

来看右上角的职能制。所有的组织系统首先表现为一定的结构。作为制作人，你应该能够画出所在组织的结构图。组织结构图由业务活动与权力层级交织而成。以出版社为例，业务活动有两大核心模块：编辑与发行。在编辑模块的业务中，自上而下的总编辑、副总编辑、室主任、编辑等，每一个层级有各自的任务、权力和利益，形成了职能结构。

所谓职能制组织，就是以权力层级为中心的组织体系。在这个体系中，"谁说了算"是最为重要的问题。比如，选题、用人、质量、资源等都自上而下决定，基层负责汇报，高层负责审批。职能制组织通常有两个问题：一是远离市场；二是等级制。例如，传统出版社处于两个市场之间——一边是作者市场，一边是读者市场。作者市场由编辑联络，读者市场由销售开拓。一线编辑与销售熟悉市场，但是信息、决策、行动往往要通过复杂的流程层层上报，延缓了反应速度。如果等级制严重，则必然导致官僚化，滋生领地意识、保护主义、条块分割、信息孤岛等各种问题。如果上述情况发生，组织系统将困住所有人。

事业部制可在一定程度上纠正职能制的偏差。事业部制是将经营业务作为组织的主线，用来替代权力主线。比如，一家出版社，如果童书业务不错，就将童书编辑室升级为少儿分社，保留原来的编辑力量，但配备专门的市场、销售人员，条件成熟时独立运营，自负盈亏。分社就是事业部的典型，事业部制与职能制最大的区别是：事业部将研产销等价值活动并在一起，而职能制则将其分开。

将价值活动并在一起的事业部制被称为流程型组织，由此保持价值活动的连续性，如为了图书的策划、生产、销售的整体协同，把发行部的销售人员拆分，配置到各个编辑室去，编发一体化。这样做的好处是，可以打通、对接作者与读者两个市场，让业务流，如信息、产品、资金流等真正跑起来。

与流程型组织配套，相应的权力必须下放到事业部。比如，分社与总社应按照权责对等原则，就"三权"（选题、用人、用钱）达成一致。分社的义务是完成指标，总社对其进行监督与考核。

知易行难。事实上不少机构的分社名不副实。脱胎于职能制组织的分社或事业部，往往在权责利问题上纠缠不清，导致总社与分社之间冲突不断。特别是管理方式难以改变，自上而下的指令、严格的等级观念、复杂细碎的流程等，让事业部制流于形式。究其根本，事业部制只是改变了形态，未能改变人员。

人的改变需要软力量来激活、联结，最重要的是两套机制：一套是沟通协商机制，一套是成长激励机制。沟通协商机制旨在将系统内外的所有要素连接起来，尤其是人与人的信息交流。当每个人都愿意分享信息、贡献智慧，不仅有助于更快、更好地做出决策，而且能加深信任、提升士气。成长激励机制则是针对人员的培养所采取的正向反馈机制，不仅包括物质奖励、荣誉激励、机会授予，也包括培训、辅导、教练等实际指导和帮助。

事业部制强调的流程、协作、成长已经蕴含团队基因，有利于形成基于共同目标、分工协同、群策群力的信任群体，这为平台制组织创造了条件。

平台制组织≠网络平台。前者是一种组织方式，后者特指互联网业务模式——连接单方或多方商业要素的交易空间。不得不承认，网络平台的崛起加速了平台制组织发展的浪潮。

网络平台的价值由所谓"网络外部性"原理决定。简单说，网络平台的用户越多，价值越高。比如电信网络、航空网络、互联网等，都是如此。该原理决定了网络平台从诞生起就以汇聚、联结更多的用户为目标，快速扩张上规模。

快速扩张带来了重大难题：员工、产品、用户、资金越来越多，区域越来越广，怎么组织？如何管理？职能制、事业部制的刚性结构显然不行，市场变化太快，跟不上节奏就会被淘汰；强硬的控制风格也不行，既管不过来，也出不了人才。但是组织越来越壮大，需要更多的人才和自主管理。于是，平台制组织出现了。

与事业部组织相比，平台制组织在两个方面进行了突破。一方面，将组织价值活动一分为三——前台、中台、后台。前、中、后的划分依据的是市场距离。前台直接处于市场之中，与用户亲密接触，与对手短兵相接，通常是主要业务部门。中台是业务支持部门，如决策数据、供应链、技术开发等，为前台输送子弹，提供直接支持。后台是一些必要设施，如财务、行政、法务、人事等，起后勤保障作用。"三线"通过统一的指挥、调度系统，密切配合。另一方面，扁平化。平台制将流程制组织做到极致，彻底去除职能制的影响——将自上而下的权力结构打碎，以业务活动为主线横向延伸。这样一来，管理者层级被大幅压缩，权力下放至一线，前台根据市场情况灵活、自主决策。

平台制组织强调两个关键词：敏捷、柔性。为了适应变化莫测的互联网，平台必须具备快速反应能力，这种能力被称为敏捷。敏捷要求组织始终保持灵活性、自适应性，即柔性。与其他类型相比，平台型组织结构松散、控制程度低、不确定程度高、变化性强，更多地依赖于团队合作、目标激励、价值观引导等软性力量。同时，为了防止组织失控，权责利机制、沟通机制以及文化机制多管齐下，构筑强有力的屏障。比如阿里巴巴公司，它提供给员工的除了非常丰厚的薪水，还有期权激励，借助独创的"政委"体系，它将公司价值观、业绩表现、个人成长结合起来，纳入考核，有力地保证了组织系统的运行。

比平台型组织走得更远的是所谓的网络化组织，准确地说，它并非一种组织形态，而是松散的商业网络。比如，在"大众创业、万众创新"的国家战略推动下，涌现出了无数的小微企业，寄生于各种孵化平台、创业园区。这些小微企业往往只有几个人，凭着虚虚实实的产品或创意，开始自己的创业历程。这些小公司没有固定的组织架构，就是一个项目小组，粗略地分工，决策商量着办，做事没有明确边界。其人员关系简单，因项目聚在一起，项目完成，项目小组便解散。

一种比小微企业更加严谨的组织形态，叫阿米巴模式，由稻盛和夫独创。阿米巴是一种自我复制与裂变的变形虫，借鉴这一特征，组织被分裂成一个个独立运营、自负盈亏的任务团队，随着这些盈利单元的自主发展，企业也同时壮大。

阿米巴模式被不少公司，尤其是互联网公司，用于企业的内部创业或者合作创业。前面提到的湖南卫视的"工作室"，就是从内部成长起来的盈利单元，有阿米巴的特点，但尚未达到自我复制、自我裂变的程度。

与平台型组织相比，小微企业与内部任务团队都需要一个母体，为其输送生存养料。这种脐带关系更加松散，更加多元。如果说平台型组织像紧密配合的专业足球俱乐部，社会性组织则像兴趣联盟，更加自主与独立。对母体来说，它并不指望每一个小团队都成功，重要的是保持创新的活力与环境。这些方生方死的小团队，如同母体的细胞——它们的活性决定了网络的生命力。换句话说，网络化组织要的是进化能力和生态效应。

2020年1月，刚上市不久的中信出版集团宣称，要做"出版界的爱彼迎"，推出共享出版平台计划，"对于优秀的出版策划人（其实是制作人），中信将开放高效的运营系统、版权资源库、全渠道销售体系、自营渠道、内容延伸矩阵，并给予产业基金的扶持"。中信做平台的雄心壮志值得喝彩，挑战也可想而知：即便有足够的书号、品质、资源、人才、用户等要素，又该用何种组织系统来进行配置呢？

放眼整个知识行业，上述各种类型的组织同时存在，各自求生。从进化的角度看，不同"时代"的形态处于同一空间，给了制作人（机构）学习和成长的机会。最重要的是呼应两个趋势：以人为中心；团队合作。

到目前为止，制作人都在做分内事：从定位到资源再到执行，从选题到稿件再到成品，从作者到同事再到团队，都围绕一个中心——产品制作——展开。当知识产品被生产出来，制作人就大功告成了吗？非也，制作人还得往前走。

六、运营

收入靠运营，运营靠制作人。如果最懂产品的制作人不参与运营，再好的产品也会被埋没。

制作人就是首席运营官

不懂运营、不做运营，制作人前途黯淡，"钱"景渺茫。

在激烈竞争的知识市场，做好产品是第一步，卖好产品是第二步。"好书自然好卖"，在传统制作人群体中，这样的观点颇有市场。果真如此吗？不可否认，真正的好书随着时间的流逝，确实能够沉淀下来。但是，你有没有想过：有多少不错的书，因为缺乏运营而沉没呢？

事实上，在信息时代，没有产品可以逃避传播。卖得风生水起的畅销书，多数是运营的结果：新书发布、讲座、上电视节目、书评传播、打榜……在供大于求的时代，营销传播如同给产品插上翅膀，飞入更多用户的眼里和心中。

为人熟知的"叫好不叫座""酒香也怕巷子深"等说法，解释了一个非常重要的市场规律：在供大于求的市场中，稀缺的不是产品，而是消费者的认知和偏好。知识产品尤其如此，由于太过主观、缺乏标准，更需要通过名气和品牌来赢得市场。知识产品不能为自己代言，需要 KOL 代言。

类似的问题发酵成了颇为火热的行业话题：到底内容为王，还是渠道为王？两派各执己见，难分高下。各执一词必然偏颇，未能从内容和渠道的关系中把握真相。内容与渠道如同接力赛，承担了商业的两大板块——价值创造与价值传递，合在一起才能完成产品的使命。任何将两者分开的说法和做法，都违背了商业规律。

那么，运营是什么呢？有两种解释。一种解释将运营当作执行职能，即企业各部门按计划推进的经营活动，其中计划是战略的分解和细化，统合一个部门或多个部门的运作。比如，机构制订了一个3年的战略方案，怎么实现呢？就得回答如下问题：第一年做什么？怎么做？哪些部门做？依此细化到部门的行动就是运营。另一种解释是随互联网兴起的新含义，泛指在线营销传播的工作，通常分为4类，即内容运营、产品运营、用户运营、活动运营，设有专门的运营岗。这里谈的是第二种。

制作人要不要做运营？来看一个例子。

多年前我刚入编辑行当时，特别乐意出差。没想到这个愿望很快得到了满足。每年春季，正是教材宣传的高峰期，发行科在各地组织推销活动。活动形式大致相同：在某大学找个会议室，约上各专业的教师，摆上本版教材和书目，开始宣讲。邀请编辑参加的目的就是介绍教材。

参加过几次这样的"会议"之后，我发现不对劲。首先，宣讲时很多"教师"不辞而别，或者昏昏欲睡。其次，参会人员身份杂乱，有的根本不是教师，而且来自众多不同的专业，宣讲如鸡同鸭讲。我们投入了不少精力和财力，可效果并不好。出现这种情况的原因在于办会的方式：当时各高校还有教材科，以及相应的代办站——教材批发商。出版社的发行人员通过这些批发商来组织会议，试图将上游的编辑和下游的老师连接起来。

为什么要编辑进场呢？有两个原因。一方面，图书是复杂的知识产品，除了作者，大概编辑是最了解该产品的人了；另一方面，一家出版机构年出书少则数百种，多则上千种，加上老品种，发行人员怎么可能全了解？然而，教材的使用者——大学老师都是教材专家，对所教课程的教材品种了如指掌，根本不需要别人推荐。

后来，我向社里提出图书促销会议的改进方案，被领导采纳。新方案在 3 个方面做了调整。首先，由编辑作为会议的主办者，区域发行人员作为协办者。这样做的原因，是将优质产品的宣传推广放在优先位置。其次，通过各地的专业教育学会组织参会人员。几乎每一个大学专业都有自己的教育学会和区域分会，学会成员都是大学的专业负责人。最后，将宣讲会办成研讨会。选择一个大家关心的教学话题，找一两位大牌学者主讲或主持，能大幅提升参与度和说服力。

调整后的方案执行后，立竿见影。精选图书、精准人群加上专业研讨，三管齐下，订单数量大幅增加。新销售方案之所以有效，关键因素就是编辑参与运营。在新方案中，编辑扮演了导演和主演的角色：选书、选人（专家和参与者）、选场地，确定议程、会议材料如 PPT、目录等，参与现场讨论，了解客户的信息、需求、意见等。这些看似繁杂而琐碎的事务就是运营工作，对于编辑了解市场、竞品、用户，开发新产品、改进老产品，掌握学科前沿动态、教学改革方向等，都极有帮助。

除了作者，没有人比知识制作人更了解产品；除了销售，没有人比制作人更了解市场。换言之，制作人的中间人身份——连接作者与读者——决定了两点：运营是制作人的重要责任，且制作人的角色无可替代。

那么，制作人在运营中到底是什么角色呢？弄清这个问题，需要了解价值链。

价值链是由与产品相关的活动组成的。比如图书价值链，至少包含 4 个活动主体：作者、出版社、渠道和读者，如下图所示。价值链包含 4 个价值活动：价值创造、价值生产、价值传递、价值消费。

这种链式结构，在互联网时代出现了重大变化。以微信公众号为例，作者和读者、制作与传播都包含在微信生态中，包括支付、转发、点评，微信平台提供了丰富多元的工具及渠道。如下图所示。

比较两幅图，变化显而易见：平台成为中心，其余价值环节成为要素。这一变化影响深远。首先，专业组织逐步失去主导地位。作为创造者的作者和编辑可以直接在互联网上生产知识。其次，面对互联网知识平台的大规模扩张，出版社的发行职能乃至传统渠道商若不走融合创新之路，必将被时代所淘汰。最后，从作者到读者形成了所谓"端对端"的联结，中间环节变得不那么重要。作者和读者的关系将由基于产品的交流转向人的交互。

所有平台都可以被视为直销渠道，将原来价值链中的要素汇聚在同一网络中，改变了上下游的关系，赋予每一个要素多重角色。比如，传统价值链中的作者、制作人、读者，统一为"用户"：既是生产者、传播者，也是消费者。

在平台中，传播方式也发生了改变。原来单向、线性的传播链条变成了交互式、网络式传播。知识产品最适于互联网传播，脱离了物理载体的限制，知识产品无处不在、无时不在。早在 2010 年，谷歌就宣布了"谷歌图书"计划，想把全球所有的图书都扫描上网，免费提供。因为版权问题，这一计划遭遇抵制。抵制者正是作者和传统制作机构，他们深知：如果"谷歌图书"计划成功，自己的利益将受到非常严重的侵害。

平台的崛起重构了商业环境，重写了商业规则。大平台如"BAT"已经下沉为人们离不开的基础设施，如同电网、水网、路网。基础设施拥有一种掌控力，对身处其中或其上的各种要素施加影响。只要在抖音、喜马拉雅、知乎等平台上开设账号，就能深切地体验到：在规则方面，相对于个人，平台的话语权更大。靠流量获利，这是平台的"天赋"。

试想一下，当平台汇聚了千万用户，并且还在增长，作为一分子，制作人的处境和前景会怎样呢？首要的任务就是如何让用户知道你。不做运营，没人知道你和你的产品。如果自己都不肯做，谁又会帮你做呢？

运营"四重奏"

完整的运营活动分 4 个方面：产品运营、内容运营、用户运营、活动运营，可称为运营"四重奏"。下面这幅图显示了四者的关系：垂直方向的产品-用户是主要关系，水平方向的内容-活动是辅助关系，目的是促进产品-用户关系。

在价值链中，运营负责从产品到用户的旅程——价值交换的过程。通常有两种方式来实现价值交换：一种是空中传播，通过各种媒介将产品信息广而告之，触达用户，也称为推式传播，意指由生产者由内向外广而告之；另一种是线下活动，如促销、公关、购物节、研讨会之类，旨在维护用户关系，又称为拉式传播，意指将用户聚拢起来，刺激他们的购买欲。空中传播与线下活动，一个覆盖"面"，一个聚焦"点"，点面配合、推拉并重，都是为了卖出产品，赢得用户。

如此看来，运营并不是什么新鲜事。只是到了互联网时代，买卖双方突然都被圈进了同一个空间，低头不见抬头见，所以经常沟通、人情往来就变得极端重要。

简言之，运营的日的是要搭建产品 - 用户的营销传播系统。通过这一系统，企业与用户之间将产生持续的价值交换。以制作人为核心构建运营系统，连接了价值创造与价值交换，联结了产品和用户，促进了知识制作与传播的循环。以下分述之。

产品运营的目标有两个。一个是将产品的独特价值传递出去，如果有的话。在激烈竞争的市场，能让产品脱颖而出的不是"更好"，而是"不同"。比如一本书，如果能用一句话讲出它的特色，就表明该书真的与众不同。前面提到的《写给孩子的论语课》，宣传介绍了一大堆，其实都是为了说明一个特色：最适合孩子的论语读本。再如《论语别裁》，最大的特色是"修身之作"，即，想要按照《论语》所述的原则生活的人，读这本就够了。

另一个目标是迭代产品。产品好不好，有没有价值，还得市场说了算。通过内容传播和活动运营，可以获取用户的反馈——不仅是口头评价，还有购买行动。从用户角度看问题，是制作人应该学会的本领：用户看到的不只是你的产品，而是所有的竞品；用户在意的未必是你关注的。在比较中获得新的认知，应用于产品改善和创新，正是应对竞争的方式。知识的更新速度越来越快，传统的应对策略是修订，过个两三年，让作者补充新的观点、删除旧的说法，但这一过程缓慢、滞后。

互联网产品的更新迭代是另一种方式，具有即时性、协同性的特点。比如维基百科，就是多人在线协同生产的。知乎的帖子也是如此，在同一个话题之下，如叠楼般地表达见解。与传统知识产品的静态、封闭相比，在线知识产品显示出足够的动态性和开放性，动态性是指产品永远"完不成"，开放性则体现了生产者与消费者之间的持续交互。

即时交互性是互联网产品的本质特征，让生产 - 消费几乎在同一时间发生，通过持续的交互，推进产品的不断进化。互联网所提供的各种数据，为产品迭代提供了有益的帮助。比如，奈飞公司（Netflix）在制作电视剧的时候，就会根据用户反馈数据，调整后续的情节、人物和场景。

这种新环境也催生了新的产品运营方式。一个典型的例子是小米手机。创业初期，小米提出过一个"三三"原则，其中的"三个战略"将用户分为 3 类：极客、粉丝、"菜鸟"，他们能为公司提供 3 种价值：研发、转发和流量。极客作为专业人士，其体验后的建议被用于产品改善；粉丝是忠诚客户，应激发他们进行转介绍和口碑传播；"菜鸟"是庞大的群众基础，为扩大市场规模及促进客户转化提供条件。

小米的例子解释了产品运营的关键：将被动、消极的消费者转化为主动、积极的贡献者。用户的贡献不只是收入，他们还可以充当产品的体验官、品牌的传播者、性能的开发者。据称，小米公司成立之后的最初 3 年，在线运营人员的数量超过许多其他岗位，就是为了充分调用用户的力量来迭代产品、提升口碑。

小米的模式能否运用于传统产品，比如图书？答案是肯定的，前提是建立起端对端——作者到读者——的联结。目前流行的"私域流量"的做法，就是这个思路。比如，在拥有大流量的平台要解决的关键问题是如何将流量导入自己的账号。对于生产者来说，唯一能做的就是不断地创新产品，先积累用户反馈，再积累自己的粉丝。

这种基于用户反馈的产品迭代，将原来封闭的研发体系打开，与目标用户建立直

接的体验 - 反馈联系，可以迅速将用户需求整合进产品设计。这种小步快跑的开发方式，是为了适应快速变化的环境。

对图书可以采取同样的方式展开运营。比如，制作人（作者）可以将整个内容创作和生产过程像放电影一样在网上公开，把选题、书名、样章、封面、体例等图书要素和阶段性成果，投放到目标读者群让他们试读或评价，根据他们的建议随时做出调整。比如网络小说的创作方式，于在线交互中设计人物与情节，使用户加入创作过程，是其最重要的特征。一旦熟练掌握叙事套路，就能根据用户反馈实现流水线写作，据称，有些网络小说的作者多达十人。

与用户直接交互，是互联网为产品传播和研发提供的最大便利，也为产品运营带来了新的契机：以作品为媒，实时连接作者与读者。

用户运营至关重要，因为它是收入来源。需要区分的是，知识平台的用户不仅包括消费者，也包括提供者。

知识平台的用户运营目标非常清楚：拉新、促活、变现。这一目标依据用户漏斗原理，根据用户与产品的关系，将用户分为潜在用户、意向用户、购买用户、忠诚用户，不同类型的用户可以相互转化。所谓拉新就是将用户圈进来，促活就是激起他们的兴趣，变现就是促使他们购买。如果一直购买，就算忠诚用户。

从销售角度看用户运营，传统知识产品与互联网产品相差很大。这种差异源自产品形态、渠道结构甚至组织方式等多个因素。比如传统出版社的销售更多地依赖于渠道——电商和批发商，也有一些直营渠道如图书馆。一定程度上，渠道商隔断了出版社与读者之间的交流，导致出版社与读者信息严重不对称。互联网产品截然不同，没有物理载体的限制，所有关联方都在同一个空间展开即时交互、精准传播。透明、变化的数据如同指示器，随时展现出产品和用户的关系状态。

传统做法与互联网模式虽有差异，但客户运营的总体原则并没有改变。以下 3 个原则是应该遵循的。

首先，以增进产品与客户的信任关系为中心。德鲁克讲过，企业的唯一目的是创造客户，指明了客户是企业的唯一财产，产品只是获得客户的手段。这样一来，竞争的焦点转向了争夺客户，即拼到最后，要看谁的忠诚客户多。所谓忠诚，就是信任关系。没有客户信任，必然被客户抛弃。有太多的制作机构之所以增长乏力，一是因为长时间无视客户，二是忙于将产品卖出去而非将客户留下来。

其次，以转化率而非销售量为中心。转化率是客户指标，销售量是产品指标。转化率是原因，销售量是结果。改善转化率，意味着采取有力的销售活动，提升客户旅程的整体效率。所谓客户旅程，就是从潜在客户到忠诚客户的过程，至少包括 3 次转化。根据漏斗模型，3 次的转化率决定了后面成交客户和忠诚客户的数量。从销售指标看，忠诚客户是多次购买的客户，也是最有价值的客户。现在流行一种反漏斗设计，也就是以忠诚客户为抓手，以老带新实现转化，如口碑传播、转介绍等。有人测算过，采用以老带新的方式获客，成本能降低八成以上。

最后，以知识服务为中心。从卖产品向卖服务的升级，是整个行业的变化。当行业进入供过于求的过剩阶段，买方就拥有了话语权。知识产品严重过剩，价格战打得十分激烈，免费产品随处可见，客户成为稀缺资源。如何创造客户？知识服务应运而生。服务对应用户体验，形式层出不穷：会员尊享、优惠促销、线下活动、饮品赠送、作者讲座、定制解答……目的只有一个，想方设法留住客户。现在流行的"社群运营"其实就是"客服"，它延伸了销售环节，旨在"先留住人再留住钱"——续费率。

内容运营与活动运营是连接产品与用户的两种途径，前者偏重文本，后者偏重人群。内容运营围绕一个中心问题展开：什么样的文本既能充分表达产品，又能吸引用户呢？比如"标题党"的蔓延，源于激烈竞争。产品的海量导致了注意力的稀缺、阅读的碎片化和用户的善变，因而产生了"标题党"——吸引注意力、传递核心信息、节省时间。移动阅读加剧了"标题党"的流行，因为少有人能在移动状态中有耐心读完长篇大论。

尽管这种以吸引眼球为第一准则的标题并不是真正的好标题，却仍然挡不住"标题党"的脚步。生长于互联网这块热土，似乎只有"短平快"的产品才能存活。有没有别的出路？答案是肯定的：原创精品。投入了巨大精力的优质内容永远都有机会，只是时间早晚。一位美国的自媒体创业者如此描述自己的心得：创作每一篇文章至少花费 100 个小时；回报也是惊人的，每一篇的阅读量都超过了 10 万。另一个典型案例是拥有千万粉丝的李子柒，每一个短视频都是精心设计、反复操练的结果。

内容运营的难点在于产品特性与用户个性的平衡。实践中，内容运营岗的 KPI 通常跟点击量、浏览量、转发量、评论数等相关，换成用户指标就是，多少人（人数），花了多少时间（留存），说了多少话（活跃）。向用户倾斜，是内容运营的一个原则。这意味着关于内容的如主题、形式、结构，关于运营的如预热、激励、执行等，都要从用户出发。

内容运营涉及一套流程，有三个关键点决定了输出效率。

第一个关键点：内容哪里来？从知识产品中截取有吸引力的观点、有趣的案例、有冲击力的片段，应当是首选。试读（听）、金句、序言、目录等有助于了解知识产品的内容，都可以免费、广泛传播。第三方推介如书评、推荐序、读者评价等，汇编整理后统一分发，也能起到吸引、转化用户的作用。知识产品背后的故事也是值得挖掘的内容，尤其是其他人的经历体验，容易激发共鸣。不能只顾着自己生产和忙着告诉用户，更好的选择是让用户参与进来，贡献内容。

第二个关键点：内容去哪里？去找负责用户运营的伙伴们，了解用户的一切：用户是谁？喜欢什么？在哪里？等等。做内容运营的小伙伴最不愿看到的结果是，费尽心力的内容发布出去，无人问津。为避免这样的"悲惨"结局，时刻牢记问自己"用户需要什么"，同时放下讲述"我的产品好在哪里"的执念。用户心智是内容的最终目的地。到达那里的第一原则就是给他需要的，第二原则是找到正确的路径。媒介越来越多，也越来越细。网络标签甚至聚焦到用户个体。你需要不断尝试，提升媒介的精准度。

第三个关键点：如何呈现？简洁、有趣、有料，是内容呈现的黄金原则。简洁适应了碎片化、快速的阅读习惯，有趣满足了休闲、娱乐的阅读体验，有料安抚了实用、功利的阅读心态。很多互联网"原住民"正在失去阅读的耐心、思考的乐趣、付费的意愿，因而厌烦乃至排斥复杂烧脑、一本正经的"硬知识"。生产知识时，可以让90后满足90后，"Z世代"联结"Z世代"，身为同一代人，存在的沟通障碍会少很多；两代人，恰如"二次元"与"三次元"，几乎相当于两个世界。软一点、短一点、视频化，你将获得互联网"原住民"的青睐。

互联网传播减少了亲身接触的机会。作为最古老的沟通方式，面对面交流显得愈发可贵。给用户创造"奔现"的机会，会为其带来不一样的深切体会。这是活动运营的存在目的：将知识产品的相关人群——作者、制作人、用户、其他人——拉到一起，感受真实世界，创造现场共鸣，建立深度联结。

从品牌来看，内容运营注重知名度：让更多人知道。而活动运营偏重美誉度：让更多人相信。两者正好是用户漏斗的两端：内容运营从上往下渗漏，活动运营自下往上拉升。某种意义上说，活动运营更符合买方市场的规律：在被瓜分得所剩无几的市场，用户的信任关系是最难逾越的护城河。

从知识产品转向知识服务，也是激烈竞争的趋势。如果你的产品并没有巨大的优势，通过持续服务建立良好的客户关系，就成了唯一有效的途径。在关系建立方面，没有比现场活动更加高效的方式了。

活动运营的策划始于一个问题：谁是活动的理想客户？有人给予了活动各种各样的目标：拉客户、树品牌、推新品、找线索，等等。他们的动机可以理解，毕竟活动成本很高，将效益最大化的冲动难以遏制。然而，不要忘了活动的根本出发点——服务忠诚客户。长期追随者是最有价值的资源，照顾好他们，留住他们，是产品乃至企业生存发展的基石，因为他们贡献了所有：时间、金钱、口碑、建议及新客户。

聚焦老客户能为企业利润池注入稳定的现金流。"二八法则"同样适用于客户：20% 的老客户贡献了 80% 的收入。活动运营恰恰是守住利润池的有效方式。

活动运营需要一个总体规划，以确定一段时间内活动的密度、强度和影响力。类似"双十一"那样的购物节，甚至需要提前数月筹备，才能在节日中收获流量、销量和品牌。就单一活动来说，以下3个因素是考量的重点。

首先，合适的目标和规模。再次强调，老客户的信任是基础，但不是唯一目标。新书发布、研讨、媒体联络、老客户答谢、促销拉新、供应商关系等，都是合情合理的目标。不建议将活动搞成赤裸裸的贩卖市场，以关系建立和维系、形象与品牌展示作为目标，更能显示出制作人的气度和格调。

规模也是必要因素，它不仅涉及成本与收益，更重要的是影响力。参与者的质量决定了活动的最终效率。参与者包括对象和嘉宾，优先邀请重磅人物，可以影响前来参与的用户和媒体。所谓重磅，关系到名声、权力、专业度、粉丝量、档次等各种要素。只要有一位"重量级人物"出场，活动就成功了一半。

其次，设计亮点与热点。亮点可以让参与者耳目一新，流连忘返；热点能让参与者愿意主动分享和传播，创造"热议"。将整场活动视为一个产品，或许能够给你带来灵感：不仅要在主题、内容上做文章，还要在形态、传播方面有所设计。将活动节目化可以带来更多的创意：脍炙人口、长盛不衰的"真人秀"节目提供了许多可资借鉴的想法和做法，从时间、主题、人设、规则、剧情、激励、道具、布景、转播、运营、宣传等各方面做了大胆创新。视听节目是一个真正的宝库。比如电视节目主持人出身的罗振宇，在得到知识产品的创新方面独树一帜。他开创的跨年演讲，便借鉴了晚会、"真人秀"、新年音乐会等多种形式。

亮点和热点设计的一大原则是参与感。让所有人沉浸其中而非冷眼旁观，对于活动运营极为重要。用户体验决定一切：从现场的感受到活动之后的言行。参与感应贯穿于所有环节，覆盖所有人群。规则及控场是确保参与感的主要手段：规则应尽可能开放，以底线为原则，尤其反对过细的规则；控场则是应对突发事件、确保现场秩序的保障措施。在有序和活跃度之间保持平衡，是确保参与感的难点。

最后，效果扩散。将活动的成果转为传播内容，意味着进入更为广阔的时空。虽然我们从未听过伯牙子期的琴瑟和鸣，心中却无时无刻不在向往高山流水之音。活动的社会影响力是在现场结束之后才开始的。目标是效果的指针，通常可以细化为定量指标和定性指标。销售收入或销售线索固然也能作为评估指标，但不如影响力指标更有价值，比如口碑指数、净推荐值、媒体发稿量——这些美誉度指标预示着长久的影响力。

效果扩散应作为重要内容纳入活动策划。新闻点的提炼、媒体选择及相关人员的邀请、传播时机及节奏的把控、传播形态的设计，都是必须考虑的环节。扩散不仅包括对外宣传，也包括内部传播和知识沉淀。

运营"四重奏"——产品、用户、内容、活动，可分而行之，但是否悦耳动听，要看协奏的效果。试举一例。

有一次，一位译者找到我，询问能否出版一本译著。该译著原本列入了另外一家出版社的计划，由于种种原因未能如愿出版，这位译者想看看我这里有没有机会。说实话，最初我没有太多兴趣。一是因为译著的成本较高，既要付给境外出版社版权费用，又要付给译者版税，仅仅这两项就要比其他图书的稿酬高出好几个百分点。二是因为译者容易被挖墙脚，我曾做过一套挺畅销的译著，译者几年后就被其他出版社用高价挖走了。有一种痛叫作被"过河拆桥"，源自很多版权代理商的"势利"——当版权到期后，谁给得多就卖给谁。

这次不太一样。这位译者是我的一位老友，有人情在。更重要的是产品本身。了解到该书的 3 个特点后，我立刻拍板。该书的原作者是全球顶尖的学者，曾有一本书翻译过来后畅销 20 年，拥有众多专业读者。而且，译者曾去国外访学一年，师从该学者，与他有着深厚的师生关系。收到目录和样章之后，我的信心大增，深邃的思想及流畅的译文，读来极有感觉。译者告诉我：此书原作者写了 5 年，而他翻译了 4 年。有大牌作者、认真的译者及深邃的思想这 3 个特点，该书的品质便有了可靠保证。

这还不够。我开始与译者商量，到底谁是该书的目标读者？通过分析原作者的上一本书来寻找最为快捷。关于上一本书读者的信息散见于 3 类网站：图书电商如当当、京东，口碑网如豆瓣，还有其他站点。浏览一圈后发现，读者钟情于原作者"用诗意传达哲思"的独特风格：独特的思维、瑰丽的想象、优美的文字、深刻的智慧。而即将出版的新作更加充满想象力，必然能够吸引同一批读者的兴趣。这批读者有着共同的标签：传播及媒介研究者、爱思考、爱讨论、爱经典。

怎么触达他们呢？专业读者群有一个特点，集中于高校，且易受到专业领域中知名学者的影响。于是，我做了两个决策：首先，找媒介研究领域的"大牛"作序；其次，准备 50 本书，列出颇有建树的学者，让译者签名赠书。

定稿交来后，除了按正常流程走，有两个问题是我关注的焦点。

一是包装。如何传达"经典之作"的形象呢？精装是必需的，高级感也是必需的。设计并非我所长，所以找到设计师，让她充分理解这本书的主题、意旨和风格就颇为重要。设计师会用她充满灵性的头脑和直觉将我的思路转化为相应的图像。为此，我到处查询各种图书封面甚至电影海报，用具体作品告诉对方"我要什么"。封面的终稿是一幅油画，极为贴合译著的意境。

二是宣传文本。包括三部分：封面文本、公众号文本及电商文本。封面文本含书名、宣传语和内容提要，其中，书名最为重要，必须易记易传。公众号文本力争做"爆款"，在这方面，视频要比文字更有影响力。于是让原作者和译者录了一段视频，剪辑成三分钟。电商文本则是图书的推介文字，主要证明该书的价值和卖点。

图书快上市了，在三条渠道预热：在官微、抖音推送一波作者视频，在天猫店做一轮预售广告，在豆瓣第一时间开设标签。图书上架后，做了两个活动：译者签名赠书给专业学者，同时在某专业自媒体平台做直播。效果可谓立竿见影，关于本书的消息一时充满专业领域，豆瓣评分高达 9.3 分。近百元的定价也未能挡住读者的购买热情，首印 3000 册不到 10 天就告罄。

看上去有很多任务——产品制作、客户画像、宣传文本、活动策划、渠道设计——实际上只有自己和作者两人在做。之所以能奏效，是因为所有任务都在运营系统的框架内展开。

运营用户还是运营作者？

"客户是上帝"，这句话几乎无人不知，真正实现过吗？一百年前，老福特也有一句名言：如果问客户想要什么，他们只想要一匹更快的马，而不是一辆汽车。这句话被人记住，是因为很多时候，用户活在过去的认知习惯中，而巨大的商机则在他们的认知之外。

商海之中，极少有人能像福特和乔布斯一样创造出颠覆性的产品，开拓全新时代，击穿 S 形曲线——一个包含了导入、发展、成熟、衰退的市场周期。绝大多数产品都很平庸，只有少数产品或许可以称得上优秀。

如果产品并无特色，那么能够实现增长的方式就转向了用户。运营的重要性由此凸显。无论是低价竞争、用户关系维护还是品牌塑造，运营的目的都一样：向用户卖出更多产品或以更高的价格卖出产品。从生命周期来看，无论如何卖力地做运营，只能延缓产品的"衰老"，无法基业长青。

"客户是上帝"的口号隐藏着企业的真实意图：利润最大化。如果没有限制，所有企业可能都想成为市场上的"巨无霸"，拥有最强的话语权。

老谋深算的投资大师巴菲特把企业的这种话语权称为"市场特许权"，作为他长期投资决策的基石。换言之，一家拥有市场话语权的企业，业绩更稳，寿命更长。知识平台（其实是所有平台）都想这么干：只要有钱花，就拼命做大，"大而不倒"；然后向下沉，开掘生长其上的力量，美其名曰"培育生态"。从 IBM 大型计算机，到 PC 机，到手机，再到智能硬件；从终端到操作系统，到中间件，再到各类应用，莫不如此。

在知识平台，运营系统已经居于中心地位。以平台作为栖身之所，知识制作人遇到的最大挑战是，如何应对海量的竞争者？知识产品提供者如过江之鲫，产品大同小异，这意味着真正的资源已经不是产品，而是客户。如何获得用户青睐并且留住客户，成为制作人的主要任务。

制作人不得不做运营，目标不是销售产品，而是服务客户。做这样的区分，是为了说明：客户是知识制作的源头——既是价值活动的起点，也是价值活动的终点。知识产品则是价值载体。如果制作人提供的知识产品能够不断满足客户，客户将持续购买并消费，那么创造 - 传递 - 交换的价值循环就会延续下去。

由此，制作人应构建自己的运营系统：以用户为中心，通过内容和活动，促进作者、产品与用户的交互。其原理如下图所示。

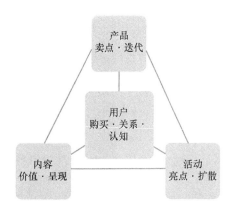

用户居于运营系统的中心。在多大程度上了解用户，决定了制作人的未来道路多宽、多长。如果只是将用户视为购买者，如同大多数的传统机构，以销量或码洋作为指标制作知识产品，评估最终绩效，某种程度上就已经将用户屏蔽在视线之外。原因是，利润至上必然导致功利主义和利己主义。前者算计用户的钱袋，后者计算自己的钱袋，都是自我中心的经营方式。

当竞争日益加剧，市场的天平开始向用户倾斜。制作人逐渐发现，竞品越来越多了，产品越来越不好卖了，用户越来越挑了，这时维系与用户的关系成了救命稻草。促销降价、增值服务、读者俱乐部、会员制、读书会、免费讲座……林林总总的市场手段被创造出来，用于争夺用户。

但是，用户关系毕竟不是持续发展的灵丹妙药，市场手段只起一时作用，并无长久功效。于是，竞争的焦点升级为认知之战：谁能占据用户的心智，谁将是最终的胜利者。心智模式作为一种稳定的结构，使得那些具有独特认知的品牌长久不衰。知名品牌被看作极有价值的无形资产，将竞争者阻挡在外。

市场竞争的广度和强度，塑造了制作人（机构）与用户之间的联结方式：由交易关系（购买）发展至人际关系（人情），最后是品牌关系（认知），越往后，联结越紧、越深。正是这种关系的强弱，决定了制作人（机构）的生命周期。由此可以说，经营用户关系——即构建运营系统，是制作人的主要责任。

产品是运营系统的基石。在保证品质的基础上，提炼出卖点并清晰地传达，是运营的第一步。这样做的好处是廓清认知误区，让用户在众多竞品中一眼就能记住我们的产品。长久之计则是持续迭代产品，前提是与用户保持交互，将他们的需求、建议纳入知识产品的更新。

与用户交互，需要两手抓，两手都要硬。一手抓住产品的传播，使产品信息尤其是卖点充分、精准地触达用户。这一过程中，谁来讲（传播者的信度）、通过什么讲（媒介的有效性）至关重要。炒作，一种过度传播，或许能在短时间内吸引注意力，但也会因夸大其词损害信任度。就传播内容而言，只要阐明不同价值点并以富有创意的方式呈现，能够激起用户的兴趣，创造一个讨论空间，就足够了。在互联网时代，谁也不能告诉用户什么观点，而要给他们一个话题，剩下的就交给网络了。

另一手抓住用户关系。善变是用户的时代特征，没有多少用户会执着于一个作者、一个产品。互联网时代，忠诚度与信任度越来越稀缺。举办活动可以在一定程度上改善这一状况。让人们离开书桌、放下工作，参与到知识分享的聚会中，与作者、编辑、同好攀谈，交流的不只是观点、思想，还有情感和认同。线下活动比线上讨论更具吸引力，面对面传播比在线交流更容易让人卷入，产生灵魂碰撞。关系的形成、信任感的建立，都取决于交往的频率、时长与质量。一场高质量的活动，既需要事前精心策划，用亮点吸引用户，也需要事后积极扩散，形成社会影响力。

制作人做运营，说来容易做来难。主要原因是运营涉及的因素多、事务杂，靠的是系统而非个人。如果拥有训练有素的运营团队，制作人加入则如虎添翼；如果没有，制作人最可靠的盟友应该是作者。

依靠作者做运营由来已久：新书发布、签名售书、主题研讨、专题讲座、撰写书评等，无不依赖于作者的支持。如果将知识产品的价值分为 10 分，作者的贡献至少占 7 分，制作人只占 3 分。毫不夸张地说，作者才是知识产品的主人。制作人做运营，更多是通过运营作者来运营用户。

试举一例。比如学术译著的出版，按照以往的经验，通常卖 3000 册已经不得了了。时间长了，制作人可能会形成固定认知：学术译著大多成本高、销量少，划不来，因而尽量避免出这类书。大概 10 多年前，互联网与新媒体成为热点。像美国《连线》（*Wired*）杂志的凯文·凯利（Kevin Kelly）、克里斯·安德森（Chris Anderson）纷纷写书，写一本火一本。但是像《失控》《必然》《长尾战略》这一类的畅销书，根本抢不到版权，也不敢抢。

但是，有两点我在当时很清楚：首先，互联网与新媒体领域是很长的跑道，晚做不如早做。其次，引进版权这条路必走，因为在该领域国外比国内领先。而高科技领域，引进出版的热度已经持续了很多年。

我当时的策略是，既然商业科技畅销书争不过对手，可以开辟新市场——新媒体学术图书。其实，只要稍稍检索一下研究论文，就会发现一条隐藏的线索：新领域的论文大都从国外的理论介绍开始，渐渐延伸至本土研究。这是知识习得的演化路径：先学习、后模仿、再原创。伴随这一过程，知识研究成果的形式也在变化：先论文、再专著、最后教材。

与广阔的商业图书市场相比，学术图书是一个利基市场。利基市场是个小池塘，容不下太多的竞争者，因此先发优势非常重要。一旦打定主意，我就开始广泛联系版权，一开始就开发系列图书。规模化有利于迅速占据市场份额，扩大影响；系列化则是为了延续生命周期，老品种与新品种可以相互促进销售。

运营作者的活动从策划初期就开始了。比如，有两个关键问题需要解决：第一，选哪些书？第二，谁来翻译？对于新领域的选题开发，要做的第一件事就是找专家，那种既懂专业知识又有人脉的专家是最佳人选。很幸运，在我认识的作者里，正好有这样一位，他是资深翻译家，精通媒介环境学派的理论（麦克卢汉开创的媒介理论），而且与该学派的北美学者保持着密切联系。

对我来说，只要说服他当丛书主编就行了，他欣然承诺。到这里，新媒体系列图书只解决了生产这一半，还需要考虑销售的一半。于是，我找到了另外一个作者：他是国内知名的新媒体教授，有自己的研究基地、团队、杂志和项目，缺的是译著。学术圈子很小，两位教授彼此熟悉，译著项目正好让他们强强联手。在一个阳光灿烂的午后，该系列最终敲定选题、主编、译者，甚至还有资金保障、宣传支持。

译著出版之后，其中一位主编请来了原作者在每年一届的新媒体论坛上做主题发言，将新鲜出炉的图书赠送给每一位与会人员，这些新媒体研究人员来自祖国各地。关于译著的消息和书评陆续登上了专业刊物和网站。而我能够贡献的只有时间、精力和创意，没有运营团队和财力投入。10年之后，这套译著已经有10多种，全部重印，卖得最好的一本重印了10多次。

很多时候，所谓好书，并非内容有多牛，而是适逢其时。读者有需要，你正好有书，就成了。读者认的并不是制作人，认的是书。当书多了，读者认的是作者。所以，运营的捷径是让读者和作者面对面。

知识平台正是最好的渠道。2020年火热的云直播、短视频、在线读书会、云课堂之类，让作者、制作机构和读者都按捺不住冲动，恨不得"大宝天天见"。内容再次成为互联网巨头追逐的香饽饽，一哄而上到一地鸡毛或许正在重演。

线上浪潮涌来之际，知识制作人应该有的态度是，保持定力，与时俱进。定力在前，不要放弃自己的阵地，制作精品永远是第一位的。与时俱进是必要的，参与运营，尝试新形式，但不要陷入其中。

七、创新

无创新，不生存。知识行业的变革时代，制作人当以创新为本，在产品、营销、模式3方面锐意进取，方有未来。

创新始于产品

德鲁克说，营销与创新是企业的两大基本职能，营销传递价值，创新创造价值。原创性是知识产品的生命线，也是构建持续竞争优势的关键。创新能力如发动机，为制作人和制作机构提供强劲动力。

经济学家熊彼特（Schumpeter）有一个经典的创新模型，如下图所示。

熊彼特认为，企业家是推动经济发展的核心力量，创新精神将他们与其他人群区

别开来。所谓创新，就是对生产要素和经营要素的新组合，总结为图中所示的 5 种方式：新产品、新技术、新市场、新供应商及新组织形式。在熊彼特看来，在同样的资源投入或资本条件下，通过企业家的创新活动（新组合），输山效率将大幅提升。所以，熊彼特说，企业家是专门从事创新工作的，就像医生负责看病、律师专门打官司一样。

一百年后，知识经济时代的崛起，复兴了熊彼特的创新理论。在万物互联的时代，困扰所有企业的大问题是如何创造价值——竞争者无处不在，替代品多如牛毛，同质化如影随形，生命周期大幅缩短，消费者变化无常……大量投入也许颗粒无收，苦心劳作极有可能付之东流，创业成了极具风险的行为。团购、金融、旅游、电商，甚至共享，几乎每一个行业，每一种模式，最终幸存的平台都付出了高额的成本。

知识付费行业也如此。知识平台看似体量巨大，细看内容和产品形态，其中充斥着复制品和仿制品，有多少是原创的呢？将 UGC 引入知识生产领域，在一定程度上冲击了 PGC 的专业理念——原创价值一直是专业化生产的基石之一。但平台鼓励海量生产内容，互联网上又存在使用便利的搜索和复制工具，也加剧了包括抄袭在内的各种侵权现象。如果这个问题得不到解决，那么知识原创将受到严重打击。

在一个快速迭代的互联网时代，制作人应该有强烈的意识：创新是活下去的唯一方式。

熊彼特的创新理论确定了基本思路，大致分为两个方向：一个方向是产品 - 技术 - 组织，一个是客户 - 市场 - 营销。前者强调供给侧的产品创新，后者注重需求侧的营销创新。

制作人以产品开发和生产为主业，当以产品创新为核心。前面提到整体产品的概念，划定了产品创新的三大范畴：内容创新、形式创新及延伸产品创新。在这方面的一个经典案例是迪士尼。

作为文创界的先驱，迪士尼经过近 100 年的发展，已经成为享誉世界的"娱乐帝国"：从最初的动画起家，接着进入影视制作、广电传媒业，开创迪士尼乐园，进而发展娱乐生态旅游，从中生长出零售、演出、餐饮、酒店、出版等各种分支领域。通过 IP 授权，迪士尼进入了更为广阔的市场。

迪士尼是创意的乐园，产生过无数卓越的商业创新，其中最辉煌的是产品创新——动画电影是一切的根源。迪士尼制作的动画电影超过 300 部，创造的许多经典动画角色，活跃在主题公园、电影、图书、商标、品牌、VR 等各个领域，长盛不衰。

或许完全意义上的知识原创并不存在，因为所有新知都是从旧知而来的，原创更多的是对旧知的纠正或发展。对制作人而言，内容创新就是对知识点的组合创新，即体裁创新。

以图书为例，教材、专著、读物，每种体裁都有各自鲜明且独特的组合方式。教材如同种地，需要在一片广阔的田野中划定自己的一亩三分地：聚焦一个主题领域，划定知识内容的边界，选择必要的知识点，按照一定的逻辑进行组织。

专著更像掘土开矿，先找到以往的矿坑，研究地理条件和挖矿工艺，再找一个切口，向下开掘。这一过程用专业术语描述就是：研究对象、研究问题、研究视角、研究方法、论证材料、论证路径、研究结论。跟教材侧重于描述已有知识不同，专著强调论证和新知：遵循严谨的科学路径，要么证明、要么证伪。

读物则是另一种做法，通常根据某个群体的口味定制，以通俗易懂、生动活泼、喜闻乐见为标准。与前两种体裁不同，读物讲究知识的表达形式。

深入研究你会发现，专著、教材、读物之间暗含了一条知识转化的线索。试举一例。

10年前，媒介融合刚刚开始之际，一位院长邀请我参加一个课程研讨会。会场聚集了学院的骨干教师，探讨一个主题：编一套媒介融合的教材。听完大家的介绍，轮到我发言，我问了一个不合时宜的问题：到目前为止，知网上关于媒介融合的研究文章有多少篇？有老师回答：十来篇吧。接下来我的问题让整个会场陷入了沉默：只有十来篇论文，怎么可能写出系列教材呢？

作为专业研究者和课程讲授者，老师们比谁都清楚：知识是一个逐步积累和转化的过程。只有研究新知的论文积累到一定程度，才能形成专著（对某一个主题的系统解释）；当主题研究越来越多，公认、成熟的知识点就会被结构化，形成教材。将这些知识点以通俗有趣的方式向大众传播，就成了读物。不遵守知识积累的规律，直接"跳级"，结果可想而知。

当然，对于成熟领域——知识积累足够丰厚的领域——来说，3种体裁就是3种不同的做法。比如关于"知识制作"，教材是一本正经、全面系统地解释"是什么""怎么做"，专著会追根溯源、刨根问底地分析"为什么"，读物则图文并茂、绘声绘色地讲故事。按照这个标准，你正在阅读的这本书算是一本"职业"教材，主要关注制作人"怎么做"。

"怎么做"也有很多讲法。比如，让大学老师和出版人分别写一本"知识制作"的书，差别不小。没做过图书的老师也许会谈一堆"应该怎么做"的内容，天天在做图书的出版人大概会写成"操作手册"的风格。如果进入了知识制作机构，岗前培训用的教材内容更加简单直接，如何让新人快速上手才是重点。

这样一来，关于"知识制作"的写法就有了多种选择。比如，是否可以让出版人写实用操作的教材，再加上点儿理论知识，这样就可以进入大学课堂了。或者做一本"知识制作原理"，配上一本"实操案例精编"，也能起到同样的效果。

内容创新离不开目标用户。例如，同样一门课"知识制作"，本科生与研究生所使用的教材该如何区分？研究生教材最简单的形式就是专题式教材，有杂糅教材与专著的特点，强调专题研究，以及更多的分析和论证，用来匹配研究生的学术需要。而本科教材面面俱到，点到即止，以知识点讲解为主。

若再针对中学生写一本"知识制作"的书，写作难度其实会增加。或许找一位中学老师来写更合适，因为他更了解中学生的兴趣点、接受能力和阅读习惯。在内容上，以中学生耳熟能详的知识产品为对象，讲讲背后的故事，简单介绍生产的过程，就够了。

内容创新是知识产品最重要的部分，通常包括知识点的选择、结构和表达，缺一不可。例如，大学英语的精读和泛读之分：精读教材老师讲，泛读教材学生自己看；精读教材按照英语能力水平严格编选，泛读教材则用于"举一反三"，强化知识点。

知识点的选择至少有两个标准：一是密集度，即知识点的多少，比如一本历史书，可以写上 100 万字，也可以压缩成 10 万字；二是颗粒度，即知识点讲到什么层次，100 万字的详版与 10 万字的简版，区别就在这里，除非裁减掉那些细枝末节的知识点，否则根本不可能用 10 万字讲完。

选定知识点之后，接下来的任务就是将它们串联起来，这就是结构。例如有的教材是松散结构，形式上通常是主题式的，一级标题下有多个关键词，有话则长无话则短，有点像搭积木，简单归类就可以了。有的教材就特别看重严谨工整的结构：章、节、目依次排开，还要讲清楚之间的逻辑关系，就跟修房子差不多。这两种结构适合不同的读者群体。总体而言，知识结构其实可以用知识树的方式来表达，要明确主干，即用一条主线贯穿，分出若干枝叉，让读者能快速抓住各枝叉间的联系，就是较好的结构。

知识的表达也颇为重要，事关内容的理解和吸引力。知识表达有两个黄金法则。准确、清晰是第一法则，所有的知识产品都得让人理解，为此，简洁的表达不可或缺。我见过喜欢长句，一段就写一句话的作者，阅读体验实在不敢恭维。第二法则是风格。有趣的、优美的、幽默的、深刻的、悬念的等，都能给人愉悦感。比如形象就很重要，可以将抽象的知识转化为生动的画面，或者直接调用各种技术手段立体展现，这些已经成为创新的重要领域了。

与知识产品相关的技术创新主要在介质和形态方面。媒介技术是最重要的推动力。记录知识的介质从最早的石头到现代的 VR 技术，极大地丰富了知识的传播载体。在最终形态上，知识产品也日益多元化，最简单的方式是将线下各种形态的产品搬到网上，或者借鉴其他领域的创作形式，如知识的节目化趋势，剧目、晚会、竞赛等都成了知识的传播形态，深受用户喜爱。

介质或形态的变化也影响到知识的选择、结构和表达。例如一本纸书，可以拆解、转化为电子书、手机书、有声书、讲书、录制课程、直播课程、读书会、短视频，甚至广播剧等形态。每一种衍生形态其实都有独特的制作逻辑，而每一个具体产品又拥有巨大的创意空间。如何在类别特性与产品个性之间找到平衡，是制作人考虑的重点。

个性化在知识平台时代更为凸显，催生了所谓的"大规模定制"：满足每个用户的独特需求。这就提出了一个严峻的挑战：如何实现规模化生产？该问题的实质是组织创新。传统上通过人员扩张、分工协作的方式来组织生产，很容易碰到生产瓶颈。制约规模生产的根源在于知识产品只能实现部分标准化，比如印刷、物流、销售等环节。但内容开发和制作，却不得不依赖于制作人的经验——这很难复制。

知识平台在规模化生产方面有了一些突破，大致分为 3 种方式。一是 UGC。如梨视频的"拍客"系统，就通过培训使拍摄者构造了完整的生产机制。庞大的创作者队伍是海量内容的保障，作为平台，只要解决了激励机制和品控机制，就能实现大规模生产。二是轻量产品，图书是非常复杂的知识产品，但可以拆解为篇幅短小、知识量少的轻量产品。比如一两千字的公号文章、140 字的微博、一分钟的短视频等。越是结构简单的知识产品，标准化越容易。有些甚至可以采取 AI 生产，比如新闻写作。轻量产品的另一优势是易传播，特别适用于碎片化阅读场景。三是工具化。大量的软件、工具让知识制作的效率大大提高：从知识的搜集、复制到分析、加工，几乎可以一键完成。生产工艺的智能化，极大地降低了知识制作的门槛，也节省了大量的体力劳动。比如，校对作为图书品控的一环，可以轻易地用黑马软件扫清不少的错误。又如算法推送，极大地提高了传播的效率。

某种程度上，平台本身也是组织创新的体现：通过技术手段将供需各方联结起来，进行高效匹配，激活了资源，创造了商机。平台的本质是共享经济。从早期的门户网到如今的今日头条，再到蓬勃发展的知识平台，莫不如此。共享意味着开放、协作，与传统组织刚好相反——后者通过封闭分工来获取收益。

平台组织强大的联结、汇聚能力，让不少传统机构蠢蠢欲动。如致力于成为"出版界的爱彼迎"的中信出版集团，展现了从传统组织转向平台组织的雄心壮志。然而，历史经验显示，转型成功的可谓凤毛麟角。互联网所信奉的"基因论"传达了宿命论调：传统组织与互联网平台，无法相互转化，如淡水鱼想遨游海洋，前路渺茫。"基因论"或许有些道理，毕竟与互联网平台相比，传统组织是全然不同的系统：体制、文化、模式、能力、人才等，都有很大的区别。

尽管如此，作为组织创新的一个体现，平台所倡导的原则和理念，却值得传统组织效仿，最重要的是以下 4 点：开放、协作、敏捷及创新。

创新源于客户

创新的另外一条路径指向外部：先是新用户，接着新市场，然后是新营销。几乎所有企业的市场扩张都得走这条路。通常，某个产品先找到一群目标用户——原点人群，被这群人认同或接受之后，就复制给相同的人群。但市场总有饱和的时候，一方面有竞品涌入，另一方面同类用户被满足之后，增长就会停止。这个时候，在空间上拓展就成了共同选择：从一类用户到另一类用户，一个行业到另一个行业，一个区域到另一个区域。这些都被称为新市场。竞争最终会造成供大于求的情况，促使营销升级：从性价比之争，到用户关系之争，再到品牌之争。这一过程中，营销中心逐渐从企业转移到用户。

以图书为例。比如一本面向大学生的教材，最初都会通过学校渠道推向精准人群：具体专业、具体课程、具体人数，都可以算得出来。教材到达的学校范围取决于销售渠道的广度和深度——发货数量是一个具体指标。很快，发货量到达一个顶点，将不再变化。但是，进入电商渠道后，该教材的销量发生了变化。对该书感兴趣的用户开始下单，他们也许不是该专业的学生，也许是其他职场人士。通常平台不能准确描述购买动机，除非该用户长期在平台上购买并传播，相关数据的积累会透露更多的信息。到这里，该教材的销售仍然处于自然增长状态，图书随着渠道的延伸抵达了更多的用户。假设这本教材被某个知名"大V"看中，在他的自媒体——微信或微博中推荐，这一信息又被其他"大V"、粉丝甚至媒体转载，那么可以想见的是，该教材将迎来一波销售高峰。

营销创新将上述各种因素——客户、市场、作者、产品、渠道、媒介等——整合起来，创造出所谓"爆款"现象。"爆款"的重点不在"款"，而在"爆"，即通过营销创新引爆市场。在海量产品进行竞争的知识平台时代，这一点极为重要。

"爆款"是一个过程，起点是客户，而非知识产品。作为制作人，你需要提的第一个问题是：谁是精准客户？比如一本大学教材，就有两种客户：一种是上课的老师，另一种是听课的学生。客户是老师还是学生，差别很大。实践中，将老师作为营销对象效果更好——他们是课程的讲授者，也是教材的推荐者。有一种联合编写的方法，就考虑了营销策略：选择不同地区的同一课程的老师作为，让他们每人写一章，这样除了他们自己使用该教材，还可以利用老师的 KOL 身份，进行区域扩散。

除了在校生这样明确清晰的用户，很多图书的用户特征并不能被准确识别出来。绝大多数社会读物都面临这样的难题。比如一本亲子教育的书，一本小说，目标用户是谁呢？很多时候你只能想象：年轻的父母，或者女性读者之类。他们或她们确实存在于市场之中，也确实有类似的阅读需求，问题是你能找到他们吗？有什么通路触达他们吗？

通路包括渠道和媒介——前者运送图书，后者传递信息，连接着知识产品与目标用户。通路的特质在于路径依赖：没有路，便无法抵达。路径决定了流量和销量。知识平台崛起的关键原因是，没有任何机构比平台更了解用户。这是如何做到的？至少有 3 层因素：其一，平台将渠道和媒介功能合二为一，用户下单和传播可同时完成；其二，平台建立起持续交互机制，积累海量用户数据；其三，平台建立的社群沟通机制，强化了用户黏性。试想一下，平台掌握了用户的购物数据、传播内容、社交关系并据此进行用户画像，那么还有比这更清晰、详细的用户画像吗？

凭着对用户信息的掌控，平台将传统机构远远甩在身后。在出版社 - 书店 - 读者的传统价值链中，图书到底卖给了谁，读者为什么买，书店和出版社几乎一无所知。平台所构建的价值网，将各方的使用数据沉淀下来，作为"商业智能"的基础，用以开发用户资源。

表面看，平台就是超级大卖场：海量的货，海量的人，算的是总账。实际上，总量的增长才是平台的焦点。只要总量持续增长，平台的价值就会一直攀升。平台增长期的快速增长方式被专业人士称为"指数级增长"，用来区别传统企业的"成比例增长"（线性增长）。后者是膨胀式的，前者是爆炸式的。

指数级增长的梦想，助长了平台扩张的野心，知识平台也不例外。今日头条进军短视频行业，喜马拉雅想在音频领域"称王"，蜻蜓FM想坐专业主播领域的头把交椅，"B站"大力开发青少年视频市场，豆瓣发力内容口碑，知乎"称霸"知识问答，得到想搭建个人终身学习的生态，吴晓波频道切入财经知识服务……关于知识产品的种种分类——从形态，到内容，再到用户，都成为平台营造乐园的基础。大家各占一处，先从局部着手，再试图征服天下。

在疯狂扩张中幸存下来的知识平台，形成了一个个独立的商业生态，确立了一条基本规则：要么成为平台，要么成为IP。成为平台的机会已经极为渺茫——不用说通用平台，垂直平台的可能性都微乎其微，那么，打造IP就成了制作人的主要出路。

脱离知识平台，IP很难存活。一个让人难以接受的现实是，在平台的长尾之中，如果没有营销创新，任何一款知识产品要挤到头部，都要经历漫长的过程，甚至永远没有出头之日。那么，有没有什么办法制造"爆点"（指数级增长）？请看一例。

2016年7月，一则广告信息出现在微信和微博中："我买好了30张机票在机场等你：4小时后逃离北上广"。飞去哪里呢？做什么呢？来看看其中的部分线路。

北京—银川：在银川乘热气球、骑骆驼或滑沙。

北京—漠河：等中国的第一缕阳光。

北京—兰州：认识一位董小姐，约她吃碗牛肉面，或去黄河上坐羊皮筏子。

北京—厦门：买 10 张明信片，挑选来自 10 个城市的旅行者，邀请他们写下一句话，寄给你的朋友。

……

与广告帖同步启动的还有"一场说走就走的旅行"征文，以及活动的网络直播。"诗与远方"的招募活动吸引了文艺青年的目光。这是一个名为"新世相"的公众号策划的活动，半小时内广告帖的阅读量破 10 万，3 小时阅读量破百万，公众号涨粉10 万。

2017 年 4 月，"逃离北上广"再度上演。还是同样的主题，但有了新的变化：奥迪、QQ 音乐等企业或品牌加入，一百位明星参与进来，负责设计逃离任务。主办方甚至提供了一些二线城市的工作机会，让参与者真正离开一线大城市。在消息发布后的 4 个小时内，据称有 18000 人参与了活动，超过 1300 人万看了直播。

新世相是一家什么公司呢？官网上如此介绍："以微信公众号'新世相'为起点，从文字生产拓展到流行事件、影视制作、在线教育，是目前内容领域的知名品牌"。2015 年刚起步时，新世相曾经策划过几次与知识产品相关的活动。

第一个活动是"新世相·图书馆"，加入图书馆有两个条件：一个月内读完书目中的 4 本书；预先支付 129 元。如果读完书并将书寄回，129 元退回。

第二个活动是"丢书大作战"。该活动借鉴了伦敦地铁的读书分享活动，做了一些大胆创意。活动邀请黄晓明、徐峥等数位明星，在航班、高铁、顺风车等通勤线路上投放了1万本书和手写纸条，以北京、上海、广州为起点，后来扩增至西安、青岛、重庆多个城市。读者通过扫描二维码参与活动。该活动掀起的短期热潮，迅速退去。据称，共有3万本书"漂流"，平均读者5名。

不得不承认，在成立的头3年，新世相确实通过让人耳目一新的活动策划创造出了现象级的事件，在短期内积累起惊人的流量。新世相并非内容制作公司，而是网络营销策划公司——通过活动创意"引爆"注意力，是其核心能力。

新世相的探索给互联网时代的营销创新带来了颇多启发。首先，独特的创意。创意来自对目标用户的了解。一二线城市的文艺女青年是新世相活动的主打人群，因其有压力大、敏感、有趣、有品位、追星、感性等特征，成为活动关注的重点。创意的目的并非将信息从外部输入用户，而是激发、唤醒、诱惑用户的内心欲望。这就意味着创意必须深入用户心智，洞察其动机、兴趣、偏好和认知，重建一个可见的场景，点燃用户的渴望。

其次，KOL矩阵。这一点与前文提到的引爆点非常相似。在传播规律中，意见领袖——从媒体到明星以及消息灵通人士——起着决定性的作用。新世相深知这一点，所以在数次活动中，我们总是可以看到大企业、明星和企业家的身影。本质上，其借用的是品牌的力量——品牌既有传播的广度，也有信任的深度。要在短时间内聚集注意力比如上微博"热搜"榜，没有KOL的支撑，根本不可能实现。

再次，传播组合。事件的形成类似漩涡，需要多轮次传播活动的联动，卷入更多的参与者，不断提升事件动能。在新世相的几乎所有策划中，都能看到同一个主题，有多轮次的传播设计，多层次的扩散。公众号文章、微博、公告、直播、体验分享、网络剧等，在各种渠道中并行散布，活动因而能在短时间内形成热点事件。传播组合谋求的是 1+1 ≥ 2 的整体效应。一次性活动的影响力越来越小，持续的传播运动才能制造舆论"风暴"。传播组合通常采取"1+N"的模式：有一个主打活动，同时配上延伸活动，有针对性、有节奏地推出。

最后，执行力。营销传播涉及的要素多，持续时间长，需要一个团队密切配合才能取得理想效果。执行力是整合系统与跟进机制所需的综合能力：整合体现了分工协作的能力，跟进体现出过程改善的能力，缺一不可。从具体执行看，达成共识、抓住关键以及沟通反馈是 3 个重点：共识不仅指一致的目标，也包括对行动计划、最终成果的共同认识，共识度越高，沟通成本越低，效率越高；抓住关键，指识别关键要素、聚焦关键行动、获取关键成果，集中力量做大事；沟通反馈指让信息流、任务流、人员流三流合一的指挥 - 反馈系统。

伴随着互联网普及程度的加深，仅靠营销创意已很难获取流量。新的营销模式、机构开始出现，比如时下火爆的 MCN（multi-channel network）机构——一种线上经纪公司。

MCN 是传统经纪公司在互联网时代的翻版，汇聚并培养一批流量明星（"网红"），连接上游供应商（品牌商）与平台用户，从中营利，营利方式有广告费、交易分成、平台补贴、用户打赏等。在"双十一"这样的大型购物节中，顶级"网红"所产生的交易金额可以说是一个天文数字。比如做锤子手机欠债 6 亿元的罗永浩，转战直播带货之后，不到一年就还了 4 亿。一些有实力的 MCN 机构开始向真正的电商发展，建立自己的供应链体系、销售体系甚至服务体系。不出意外，这些机构会很快将业务延伸至大规模定制：利用已有的用户和厂家资源，开拓 C2M 业务（消费者拼单定制）。

从掌握传播创意到掌握营销渠道，是从用户端出发，沿着价值链向上游延伸的过程。制作人认清这一点，极为重要。任何一个行业，都在供需关系的变化中不断演进。

对许多行业来说，互联网的兴起是一个分水岭，知识行业尤甚。互联网所到之处，传统知识制作机构总是措手不及。线下读者变成了线上用户：台式机、平板电脑、手机、阅读器等，占据了读者的目光、时间和金钱。电商平台出现了，用户借助便利、发达的线上交易系统——信息、口碑、支付、物流——直接购买图书，线下渠道如实体书店沦为图书陈列架。因为速度慢、成本高、交易少、损耗大，实体书店的经营难以为继，开始大规模倒闭，迫使上游出版社集体转战图书电商平台。

传统知识业的危机背后隐藏着两大趋势。一是知识的数字化。互联网消除了物理载体，用 0 和 1 的方式呈现知识。而有形载体比如纸张、光盘等关乎出版社的根本利益：定价、成本、库存、物流、收益等，都系于此。不需要纸张的书，该如何生存呢？二是知识的社会化大生产。持续上千年的专业生产，让图书不仅传承了文化，传播了知识，而且赢得了巨大的声望。但在互联网时代，这种生产方式面临冲击。知识被切割成长短不一、形式各异的文本在线上传播。所有人都可以成为生产者，无时无刻不在提供产品。汹涌的知识生产浪潮淹没了专业生产者，如同海啸漫过堤岸，吞噬了那些曾经巍然挺立的城墙、古堡。

一旦井然有序的城市变成汪洋大海，曾经的规则随之失效。在海洋中航行需要船长，而不是司机。第一批航行者如同冒险家，涌向了"新大陆"。从早期的 BBS、博客、论坛开始，新浪微博、微信、喜马拉雅、抖音、斗鱼等各色平台相继涌现，改变着知识的产品形态——从图文到音频，再到视频；拓展着知识的传播范围——从区域到行业，再到用户。平台马不停蹄，进入了知识生产的最上游：争取创作者。既然平台有那么多用户、产品、资源，为什么不一试身手呢？创作者们抗拒不了平台的邀请，纷纷入驻，放在图书创作上的注意力被大大分散。如果连作者都想离去，那书业的未来到底在哪里？

当浪潮来临之际，制作人只有两种做法：顺势与造势。顺势是找到一艘船，哪怕是一块木板，它们至少能帮你在浪潮中活下来；造势如同冲浪，在冲浪中锻炼本领，便可如鱼得水。

终极方案：模式创新

知识行业处于大变局时代：颠覆与重建、辞旧与迎新、传承与开创交织往复。站在历史的转折点，制作人不必急于行动，而要洞察模式。

商业模式是整体转型，而非局部调整。例如纸媒，在过去数年中，数百家报纸关停并转战互联网。实力强的开发独立 App，打造垂直平台，如澎湃、21 财经。实力稍弱的则扎根已有内容平台，运营独立账号。还有一些媒体人选择了内容创业，做个自媒体，利用擅长采写的能力积聚粉丝，如一条。

纸媒遭遇的困境正在向纸书蔓延。一方面，纸书作为传统知识业的主要载体，其制作机构——出版社，面临着作者、读者流失，替代品大量增加的危机；另一方面，传统渠道严重萎缩，成本居高不下。危机的直接表现是不少出版社业绩下滑：销量下跌，首印数下降，库存积压风险上升。这就迫使出版社进行正面的、积极的应对。如果需求侧不景气，压力就会顺着收支平衡的"跷跷板"传导至供给侧——不仅是制作机构（人），还包括作者，那就有可能形成恶性循环。

当商业环境发生革命性的改变，企业与个体的最大障碍来自固定思维——一种固化的商业模式。

商业模式，最简单地理解，即价值的组合方式。大到产业，小到产品，都遵循价值原则。买家与卖家的交易产生了交换价值。因此，商业模式由 3 种价值活动交织而成：价值创造、价值交换、价值消费。从行业到企业，3 种价值的组合方式形成了特定的商业模式。

比如行业的模式变化，英特尔（Intel）前总裁安迪·格鲁夫（Andrew Grove）在《只有偏执狂才能生存》（*Only the Paranoid Survive*）中讲过一个例子。20 世纪 70 年代，计算机行业的产品以大型机为主，其中的企业都像 IBM 一样，集研发、制造、销售于一体。随着计算机软硬件技术的快速迭代，一种新产品——小型化的 PC（个人电脑）——市场出现了。英特尔作为芯片制造商，该向何处去？格鲁夫作了极为大胆的决定：全面进入个人电脑市场。该决定依赖于他对计算机行业的一个判断：过去的纵向模式——一体化供应，正在转向横向模式，即个人计算机被分解为一个个零部件，每个零部件都代表一个市场，有大量竞争者涌入；需求侧也是如此，个人电脑市场无比巨大，必有多样产品和多元渠道来满足需求，那种上下游通吃的一体化模式必然被淘汰。为此，英特尔聚焦芯片——计算机的核心部件，将其做到极致。"intel inside"这一标识随着个人电脑的普及传遍了全世界，正是源自格鲁夫当年的这个决定。

知识行业是不是也在经历类似的模式革命？答案是肯定的。至少有 3 种模式正在形成：IP+平台、端对端闭环、O2O。

IP 诞生于大众传媒时代，成熟并普及于互联网时代。IP 不能仅仅理解为知识产权，而要视为具有高辨识度和商业价值的品牌资产。知识平台的海量、碎片、变化等特征催生了 IP 模式——品牌的辨识度、忠诚度、溢价效应足以对抗平台特征，因而具有持久的竞争力。简单来说，IP 模式就是围绕一个独特的价值定位进行衍生开发的模式。

知识产品特别适用 IP 模式。比如，一本纸书，可以加工成适合各种媒体传播的产品形态。一位作者，也可以生产出各种知识产品，从文章、图书、课程到直播、咨询等。这正是 IP 的形成过程。平台是 IP 的栖身之所，借助庞大的资金、先进的技术及海量的用户，在 IP 为平台贡献价值之时，平台也能为 IP 带来利益。在平台的商业逻辑中，IP 作为至关重要的一环，维系着交易的循环。用户的注册量、参与度、购买量创造了平台的现金流以及估值，进而带来更多的资本投入。雪球效应由此产生：越是有影响力的 IP，得到的资源越多。他们拥有一定的自由度，建立了个人的小生态，不必全然依赖平台。

单个 IP 建立起小生态，多个 IP 构成大平台，是端对端闭环的两种形态：前者以内容为重，后者以流量见长，都致力于形成对业务和交易的全程掌控。端对端其实就是尽量压缩中间环节，让交易双方或业务伙伴直接联系。比如传统图书，从作者到读者，中间经历了出版社、渠道、书店多个环节。而在平台中，作者与读者面对面，即作者端直接连接读者端。依赖于平台的各类产品提供者，都热衷于所谓私域流量——将平台用户转化为个人用户，这实质是 IP 模式的第一步。有了追随的用户，打造闭环的可能性大幅提升：在 IP 与用户之间，各个业务环节可以自己实现，也可以外包。

外包的风险在于，这些合作者极有可能成为竞争者。比如，出版社将图书导入平台，或将作者介绍给平台，以获取衍生价值，结果图书或作者成了平台的资源，自己却被架空了。出版社的商业模式与 MCN 机构类似，除非有牢不可破的联结，否则作者或读者大概率会被平台撬走。因此，所谓端对端闭环，其实就是在价值交换双方之间找到一种不可替代的方式，锁定交易关系。

O2O 即线上线下的整合。比如阿里巴巴，既有电商平台——淘宝、天猫，也有线下卖场——盒马鲜生，通过 App、支付宝、菜鸟物流，将用户、商品、商家深度联结。出版社也有简单的 O2O 业务，比如，通过公众号发布新书讲座信息，将读者导入现场。一般来说，线上做交易，线下做体验。比如樊登读书会，在线下通过加盟实现扩张，同时用户在线上消费。与线上相比，线下的社交黏性提升了参与度与活跃度。大平台对于线下的整合力度更强，比如拼多多创造了 C2M 的模式，即将用户的团购订单直接发包给制造商。这种被称为新零售的方式正在向产业上游延伸，催熟了产业互联网的升级。"闭环 +O2O"的说法更多，大都表现为流程的设计与再造，目的并无二致：打造一个封闭的生态。

在 IP、端对端、O2O 等新模式的背后，浮现出知识业的新图景。如下图所示。

纵向看，整个知识行业建立在互联网设施之上：软件、硬件、网络运营。横向看，网络基础设施连接了知识行业的 3 大要素——价值提供者（内容提供方）、价值交换的平台（知识付费平台）、价值消费的用户（消费者）。它们的关系被互联网重构：平台处于中心位置，汇聚并拓展了供需两侧。内容提供者从专业机构拓展至全社会，需求侧整合了所有用户，出现了更多价值点，从购买到评论，再到提供。为解决海量提供者的效率问题，经纪公司、孵化公司（MCN）分化、独立出来，连接提供者与平台。

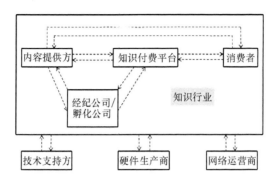

新图景清楚地显示，知识行业与当年的计算机行业一样，正在从垂直一体化模式转向水平协作模式，而且转变的力度更大、速度更快。面对商业模式的深刻调整，知识制作机构或制作人该如何应对？有3条共同原则不可或缺。

第一条：准确定位。你原来做成的事，未来也可能做成。比如，出版社与渠道商，一个专注内容生产，一个擅长销售，请继续保持。如果连原有阵地都守不住，贸然进入其他领域，几无可能存活。定位即独特价值，你必须以此为原则进行调整，直到能够创造与众不同的价值。这就意味着聚焦。比如，出版社原来覆盖多个学科、各种领域，现在就该找出最具优势的学科、最优秀的作者、最畅销的图书，集中资源做强做大。渠道也是如此，如果在童书市场、教辅市场、工具书市场等细分市场中耕耘多年，不要轻易放弃，继续深耕细作，将用户导入线上，用新产品留住他们。

第二条：深度联结。传统模式下，制作机构与渠道商的地位举足轻重，纵向一体化的结构给了他们话语权，却改变不了中间商的角色：出版社并不创作知识，而是制作产品；渠道商并不拥有读者，而是产品的搬运工。水平模式下，被忽略的作者与读者汇聚至平台，主导了知识产业。与人多、势众、钱多的新中间商——知识平台相比，出版社与渠道商还有什么优势呢？唯一可能的护城河就是深度联结了：与作者联结或者与读者联结。以制作人为例，请自问：如何不让作者流失？答案显而易见，作者对你的能力、资源、人品的信任，也许能够留住他们。你必须花更多的时间跟作者相处，用成功的知识产品证明自己。

第三条：开放心态。故步自封是最大的阻碍：躲进舒适区，却失去了未来。之所以失去，是因为缺乏勇气。机遇等不来，只能创造出来。有两种心态——自大和恐惧，阻碍了人们的成长。自大者盲目自信，我行我素；恐惧者过度自卑，害怕风险。无论哪一种，结果都一样：对新事物、新环境视而不见。不从心底解决这一问题，即便偶尔踏出一步，也会退缩。开放，不仅是认知的改变，更是行动的改变——行动产生成果，验证认知。制作人应该主动接触在线产品、知识平台、知名 IP、运营机构、MCN……这些代表未来的新事物，既是合作伙伴，也是学习榜样。用一个产品做实验，与新伙伴一道，跑一跑新模式，不论成功还是失败，都将获益良多。

我们处在一个大变革时代，既幸运又不幸。幸运的是有大机会，不幸的是有大挑战。痛苦与成就相伴相生。在不稳定、不确定的竞争环境中，一如自然界，存活下来的都是持续进化的物种。一言以蔽之，无创新，不生存。

终身学习者

知识行业永无止境：新知不断涌现，需求日益细分，技术总在进化。每一种知识产品都独一无二，这是制作人的职业挑战。

制作人跟得上知识、需求、技术的变化吗？当知识无须物质载体比如纸张，知识生产几乎人人可为，知识产品的复制与传播不再依赖冗长的供应链时，制作人的职业、能力、"钱景"如何？

这些问题的答案，始于制作人的意愿。愿不愿进入新领域，肯不肯尝试新产品，能不能挑战新技术，预示了制作人事业的高下、进退、成败。同时，成长、进步、未来，不是空谈，也需要成果证明。

真功夫是练出来的，卓越的制作人是干出来的。有一条职业曲线贯穿制作人的职业生涯：工作内容决定职业能力，职业能力决定成果收益，成果收益决定职业路径。其中，职业能力至关重要。

职业能力从哪里来？学习，而且是终身学习。将注意力聚焦于学习本身，可以避免踏入一个深藏不露的心理陷阱：成果至上。成果仅代表过去，学习才创造未来。

持续学习为制作人赢得真正的自信，他们拥抱不确定、挑战、未知，因为有创造力和原动力——来自使命感的力量。

一、成长先于成功

成长学？成功学？

知识之于人，如同水之于鱼。

当知识作为稀缺资源时，制作人的社会身份也颇为高贵：作为知识的发掘者和传播者，引导着人类文化的发展方向。知识爆炸改变了一切。近代以来，原创知识的爆炸式增长，大规模的复制与传播，推动着世界的发展。

选择知识制作作为职业，应该是幸运的。这是一个足够长的跑道，也是一个积累性的职业。知识制作人是一个赋予自己和他人智慧、尊严的社会角色。

沉舟侧畔千帆过，病树前头万木春。这句诗可以当作制作人的成长箴言。只有不断地探索未知，创造新知，制作人才能跟上时代的脚步。

商业社会中，成功黏住了多数人的目光。成功被折算成物质财富，人们用数字表示对财富的占有程度。在物质财富的积累中，知识一直居于中心位置。只要创造财富的主体——人没有变，知识的核心地位就不会动摇。

随着资本的崛起，成功的欲望和标准成为新的"教主"，驱使人们为财富奔波。比如，知识付费平台的兴盛，其实并不在于其知识的含量，而在于知识产品的含"金"量——能够带来流量和现金增长的就是好产品。平台说到底也是资本与技术的产物，服务于商业增值而非知识增值。

知识从一开始就是精神产品，当它变成有利可图的商品时，就产生了问题：如何在精神价值和商业价值之间实现平衡？对该问题的回答体现了知识制作人的价值观，关系到一系列要素的选择、排序。

比如，如果某位作者"砸"来几十万元，想出版一本自传，内容琐碎无聊，出还是不出？或者，一本艰深难懂的学术著作，非常小众，有可能亏本，要不要做？这样的选择，每天都在发生，如何选择，则是价值观说了算。

成功学对知识行业的影响一点不逊于其他行业。只要看看制作机构的 KPI 就明白了，这在前文中已经提到。没有多少人能够扛住经济指标的诱惑和压力。比如，在电商兴起之后，有多少书店因为高昂的成本被迫关门？确实，理想不能当饭吃。有一次，我看到黄金地段的集市上出现图书摊贩，兴奋之情油然而生；走近时却被一盆冷水浇了个透心凉，书摊上放了一块牌子：20 元一斤。商贩们卖的是纸，而不是书。从何时起，作为知识象征的图书沦落到如此地步？

制作人不是商贩，至少不全是商贩。这是因为知识不只是商品，还是帮助人们成长的作品。人类历史长河中的任何一部伟大作品，没有一部只是为了卖钱而创作的；没有任何一位伟大的人物，仅仅为了名利财富而求知。仅仅为名利创作的人或产品，一开始就被排除在伟大之外。

这看起来是个悖论，但悖论是成功学必然的产物。在只追求财富上的成功的人眼中，知识的真正目的——为人的成长而原创——成了物质利益的盲点。不是不存在，只是有的人看不到。

眼中只有利益，也许能让制作人成功，却是知识行业的悲剧。卖得好的知识产品不等于有价值的作品，而后者正是知识制作人存在的意义。我并不否定甚至相当认同知识产品的经济效益——这原本是知识经济的题中之义，我所担忧的是知识行业的根基和知识制作人的职业根基。若只论挣钱，知识产品远不如很多产品：知识并非刚需，有时可以免费获取，但消费的门槛很高……如此看来这并不是一门好生意。

但知识行业如同水土一般重要，知识是人类精神呼吸的空气。这是人类与所有物种的共通之处——进化的经验和记忆记录于基因之中被延续，也是人类与所有物种的区别之处——人类是唯一主动自觉积累知识的物种。知识制作人如同植物一样，通过光合作用为人类提供氧气，为生命护航。你能想象没有植物的世界吗？没有知识制作人，人类的精神世界将逐渐荒芜。

这也是本书主题选择知识制作人而非知识制作的原因。人先于且重于制作，因为知识与人的成长相关。康德说"人是目的"，确立了人类一切创造的终极价值观：人本身是一切的开端，也是结束。知识生产尤其如此。除了知识，还有什么手段能够将人与自身、人与人、人与自然联结起来呢？

作为专业的知识生产者，制作人的眼界、认知、胸怀和价值观，决定了知识制作的水准，因而决定了知识产品的品质。至于产品卖多少、挣多少钱，只是其中的一个评判标准。有一点确凿无疑，制作人的成长是知识产品的第一因素。价值观只是其中的一小部分，它是一个阶梯，由低到高排列着种种要素，具体的排列方式取决于每一个人对这个问题的思考：我为什么选择成为制作人？

成长决定成功。最终的成功取决于价值观——它定义了成功。"有钱难买我喜欢"的俗语显示了价值观的力量：喜欢一件事，跟钱没有关系，是因为在价值观的尺度上，"喜欢"的位置高于金钱。

连接成长与成功的中介是成果——知识产品。在算法那一部分已经解释过成果的衡量。作为极为重要的维度，财务指标显示了经济价值，也一定程度上体现了社会价值。有了成果及其算法，价值观就成了实实在在的创造力，而不是抽象、空洞的名词。

制作人的成长阶梯

让我们回到现实世界。按照职业成长的顺序，知识制作人大致会经历审稿人、策划人和经理人 3 个阶段，在每个阶段都有各自的职责和重点。

以图书编辑为例，在审稿人阶段，其中心任务是处理稿件。这是一项基础工作，也是一项艰巨的任务。一本书稿从交稿到付印，需要经历三审三校的过程，以确保图书成为合格的产品。审稿人需要从两方面进行把关：一方面是编校规范，应事无巨细，从标点、标题、图表、引用，到错别字、知识差错、行文，都要进行审读；另一方面是对内容特点如原创性、科学性、可读性、完备性、逻辑性等进行辨别。在一定程度上，校对人员、质检人员在校对、质检环节也有可能发现一些问题，毕竟他们只负责某一个环节，在所负责的环节有更丰富的经验。但他们通常关注形式错误，不对内容本身提出建议，也不直接跟作者打交道。

审稿人的工作开始于作者交稿之后。稿件有所谓初稿和定稿之分，原则上，只有书稿符合齐（齐备）、清（清楚）、定（定稿）的标准，才开始审稿。但实际上，对内容部分的实质性评价，及图书产品的核心特征，如内容质量，需要通读之后才能作出判定。又如字数，既反映了图书的篇幅和知识的含量，也影响了图书的页数和定价，甚至涉及销量和折扣。整体上，图书的字数正在大幅减少，互联网时代很多读者已经没有耐心啃大部头。

在处理稿件的过程中，审稿人会面临一个边界问题：对稿件介入到什么程度？换言之，审稿人与作者之间有一个责任边界。一本书稿，作者对作品质量（形式质量和内容质量）负有主要责任。如果要用一个数字来表示其责任占比的话，至少是90%。不少审稿人未能建立这条边界，强行修改作者的内容，不仅容易曲解观点，而且可能导致冲突。

找到这条边界，是审稿人的首要任务。如果一本书稿的质量达不到审稿人设定的标准，审稿人就该与作者商定，让他修改。如果还不行，那就坚决退稿。但在作出退稿决定之前，需要加一道流程：相稿。

相稿指通过快速地浏览书稿，迅速作出评价和决策：退改、初审或优化。评价就是从产品角度对书稿的内容和形式作出价值评定；决策则是稿件处理决定：不合格就退回给作者修改（退改），初审即代表进入加工流程，优化则是边审稿边让作者调整、润色。

相稿说起来容易，做起来难。困难来自两方面：一方面，图书篇幅太长，知识密集，不知道到底"相"什么；另一方面，不清楚相稿的标准。

相稿是对稿件内容进行评估。最重要的评估涉及3个指标：独特性、吸引力、质量。这3个指标还可以细分为多个方面。比如独特性，在主题、视角、结构、观点、文字等各方面都有体现，重点是能否跟竞品进行区分。吸引力则是从读者视角对独特性的部分进行评估。质量是对内容的专业性、科学性、准确性等方面的评定结果。

相稿指标都依赖于长期的经验积累，没有统一的"客观"标准。这跟医生看病很像，医生在诊断、治疗过许多病人，成为"老医生"之后，便有了一种经验直觉，能快速作出判断。相稿标准取决于相稿能力。有经验的开发者会总结相稿套路，通过持续的实践来完善这一套路。

将实践经验总结为套路，是为了找到相对确定的产品标准，对作品进行评估。换言之，心中有这些产品标准，对于回答如下问题至关重要：如何制作适合读者的产品？这个问题从产品开发阶段就会出现在制作人的视野。

只要开始思考这个问题，审稿人的角色就转向了新角色——策划人。

策划人的职责是，将作者能力、读者需求及制作机构定位结合起来，开发新产品。比如出版社，有专业社和综合社之分。专业社聚焦某一领域，持续不断地出版一类或几类图书，久而久之建立起行业口碑，形成独特能力。如文艺社擅长小说出版，大学社擅长专著和教材出版，法律出版社擅长法律图书。如果错位，在大学社出版科幻小说，结果可想而知。泛而不专、多而不精困扰着不少综合社，它们看似品类齐全、规模庞大，其实算算平均销量、利润率就知道实际收益了。

机构定位画定了策划人的产品边界——策划人能做的产品不会超过机构可做的范围。事实上，专业编辑在细分领域深耕是机构编辑的普遍状况。专业分工符合市场竞争的原理：聚焦优势能力，策划不同（或更好）价值的产品，是赢得竞争的法宝。如何判断赢了？终极标准是赢得用户。定位理论的提出者艾·里斯有一个经典的观点：竞争的终极战场不是市场，而是心智。这句话意义深远：得到用户的认同，才是"赢"的关键。

对于知识产品，用户认同的力量更强。"一千个人读哈姆雷特，就有一千个哈姆雷特"，知识产品的主观性带来了一个严峻的挑战：如何让千差万别的读者都说某个产品好？最有效的方式是让 KOL 影响大众。前文也提过，作者有名、专家推荐、头衔权威、媒体宣传、图书榜单等能够影响读者认知的因素，都可以归入 KOL。

找出 KOL 与读者的关联，是产品进入读者心智的一条暗道。暗道的信息隐藏于如下事物——榜单上的新书、长期销售的图书、反复出版的经典、网站上的读者评论等，只要仔细分析，就能解读出成功的密码。比如，新书榜单传递了选题的方向，热销书提供了产品的主题、作者、定价、视角、风格、行文、包装、宣传等各种信息。经常逛书店、浏览网站（电商平台、专业网站、口碑网站等），会得到很多灵感和启发。

如果能够接近作者，效果更好，与成名作者直接对话最好。他们的眼光、经验、人脉，可以创造巨大的商业价值。但这类作者往往被很多机构追逐，要价也高，达成实际合作颇为不易。有一类作者值得策划人深入挖掘——水平高但不愿创作的作者。有两种发现他们的方式：一是找专业人士推荐，专业人士对于某领域的名作、高手都如数家珍，建议多听他们的建议、评价；二是保持涉猎广度和阅读深度，策划人不仅需要更新、拓展视野，而且要能够做出独立判断。传统出版界用"眼高手低"来描述编辑：自己未必是创作高手，却是创作高手的伯乐。慧眼识人，是策划人的核心能力。

无论出名或隐居，真正的高手总是稀缺资源。识别并培养潜力作者，才是策划人的主要任务。知识平台通常将作者分为"头部"和"腰部"，头部作者即大众瞩目、流量巨大的作者，而腰部作者是指有积累、有特色，但名气不大的作者。识别腰部作者，除了靠专家推荐外，主要看作品。腰部作者代表未来。而他们能否给你一个未来，要看身为制作人的你的眼光和耐心。

当制作者积累了足够的资源，磨炼了眼光之后，就可以迈向经理人的阶段了。传统出版社当中的总编辑、副总编辑、室主任、项目负责人、工作室负责人、策划编辑等都是经理人岗位的变种。他们的共同特征：不是一个人作战，而是团队作战；不是针对一本书或一个系列，而是针对一个领域进行开发布局。

在这方面，前文提到的湖南卫视的做法值得借鉴。从 2018 年开始，湖南卫视围绕"头部人才"建立了工作室制，即将优质资源聚焦于有能力、有创业精神、有资源的优秀导演身上，建立了 12 个工作室。电视台作为支撑平台，让这些工作室成为开发运作、自负盈亏的利润中心。

经理人有 3 项中心任务：长线规划、团队协作和资源配置。长线规划是指产品线的布局既要考虑短期，也要考虑长远；既要注重利润，也要塑造品牌；既要开发产品，还要营销产品。团队协作是指管理工作，必须通过合理的团队分工、执行、考核和激励，提升长线规划的落地效果。资源配置则是各种资源的分配，从作者资源、书号、选题，到资金、时间、利润等都要按照一定的原则合理配置，让效益最大化。

经理人的挑战在于两方面。一方面是领导力。团队作战要求经理人必须学会充分授权和激励，改变个人化的工作方式，营造团队齐心协力、默契配合的工作氛围。另一方面是平衡力。因为工作任务拓宽，工作内容更加复杂、多变，需要根据实际情况随时作出取舍和决策，这就要求经理人必须具备平衡的能力，其中的一个关键因素是清晰的目标和坚定的价值观，如同一把标尺，用来对资源、机会、时间等进行评估。

到了经理人这个阶段，真正的发展空间不在于自己有多强，而在于团队有多强。当团队成员成长起来，经理人自然能取得更大成就。因此，经理人最重要的任务是培养人才。

不管做什么知识产品，制作人的成长路径都与图书编辑大同小异，不同阶段承担的职责不同，如下图所示。

从审稿人到策划人，再到经理人，体现了制作人职业生涯中的变化，这个变化可以分三个层次理解。第一层次是知识的角色变化。从作品到产品，再到商品，是知识逐渐进入行业价值链的过程，也意味着更多的流程、更重的职责。这就引发了第二层次的变化：审稿人的主要任务是内容制作，策划人增加了策划职责，以确定内容是否适应市场需求，经理人则"全覆盖"，研产销一样都不能少。任务的增加意味着第三层次——中心——的转变：从稿件中心到作者中心，再到市场中心，视角不同、任务不同、成果不同。

制作人的成长是一个持续累积的过程：从一个环节到多个环节，从一本书到一个系列，从一个人到一个团队，从一群读者到整个市场。在这个过程中，制作人会遇到新问题、新挑战，也会积累新经验、新成果。

二、制作人的能力发展

"做什么事"是职责，"做成什么事"是能力。职业发展取决于后者。无论制作人现在处在什么位置或想要到达什么位置，无论是陷入职业瓶颈还是出现晋升机会，制作人首先需要思考和解决的问题是，我应该具备哪些能力？如何培育这些能力？

流行的 T 形人才图大致能够反映制作人的能力结构，这幅图由 3 个部分组成：知识面、专业能力、实战经验。三者构成了类似图钉的形状，让制作人扎根知识行业。如下图所示。

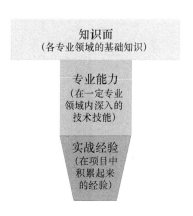

实际应用中，存在一个冲突：是自上而下还是由下往上？学校教育自上而下，从基础课到专业课，再到实践课，构成完整的体系。实际工作中由下往上更加奏效。比如企业招聘中，项目经验往往重于学历文凭，一个重要原因是有经验的老手能立刻创造价值，而新手则需要花时间、资金等成本进行培养。当然，老手也有不足，比如，经验一旦固化就会成为偏见，阻碍创新与变化。而且老手的惰性更强，不利于保持组织活力；新手尽管经验不足，但只要愿意学习，成长就很快。

T 形人才图反映的不只是能力结构，也代表一种成长策略。比如，对于行业新手来说，成长最快的方式是从项目着手，通过参与不同项目快速积累经验，并且转化为专业能力。对于资深人士来讲，最重要的不是项目，而是知识面的拓展，通过多渠道的学习，转变看问题的视角，修正已有的认知。混沌学园创办人李善友有一句话广为流传：创始人的认知边界，是一家企业发展的真正边界。只有企业家在认知上有了突破，企业才会有新的发展。这一点同样适用于知识制作人。

伴随职业角色的变化，知识制作人的"能级"也在进化。用专业术语来描述，即任何岗位都需要一定的胜任力。如同爬楼梯一样，只有到达了特定的能力级别，才能拥有岗位胜任力，换言之，"能级"决定了职级。

知识制作人的能力路径如下图所示。

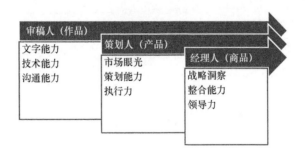

知识制作人的能力路径分为三大板块。审稿人板块，需要 3 种基本能力：文字、

技术及沟通能力，前两种与作品相关，第三种与作者相关。进入策划人阶段，引入用户视角，需要根据市场需求策划作品的能力（市场眼光、策划能力），以及做好产品的能力（执行力）。经历了策划人阶段的锤炼，制作人迈向更高级别的经理人，这一过程面临双重转变：从单一产品到产品线的转变，从个人到团队的转变。转变需要3种能力：在所负责的内容领域具备战略眼光，学会在短期目标与长期愿景、内部实力与外部机会之间进行平衡（战略洞察）；对达成目标所需的行动方案、资源获取、任务安排做出部署（整合能力）；对参与创作或制作的所有人进行激励、培训及考核（领导力）。

在制作人的能力路径中，每一阶段所需的能力是由知识产品的目标和任务决定的，同时，后一阶段的能力都建立在前一阶段的基础上。高阶制作人与低阶制作人只是能力的重点不同，而非前者否认后者。比如，一家出版社的总编，也需要具备过硬的文字能力，但无须像文字编辑一样天天审稿，因为他有自身的职责。

审稿人：作品工匠

从生产流程看，审稿人的职责始于初稿，终于量产（发布或复制），承担了知识产品加工的主要部分。小到一页PPT、一篇公众号文章，大到重磅巨著，审稿人都需要考虑3个方面的问题：内容质量、表述质量及呈现形式。从能力来看，审稿人的专业知识积累、文字水平及形式方面的经验，决定了对初稿的最终判断。

在进入细节处理之前，写出一份精准的建议书，是审稿人的功夫活。尽管很多时候，这并非一项必要流程，但是养成撰写建议书的习惯，对于审稿人综合能力的提升极有帮助。撇开不同类别知识产品的差异不谈，一份建议书至少包括以下 3 个部分。

- 总体评价。既要涉及作品的整体状况，如主题、框架、逻辑、材料、结论、表述等内容，也要兼顾对亮点与弱点的描述。总体评价不用给出太多细节，而要聚焦典型、普遍的特点进行概括，列举相应的例证。

- 给出建议。对于稿件中的难点、弱点和补充点，需要给出修改的具体建议。比较好的方式是将典型问题列出，展示修改的细节。在这里，制作人扮演着教练的角色，作者像运动员，制作人通过示范教会作者如何正确创作。

- 陈述理由。让作者修改，需要陈述理由，这也是对作者的尊重。在修改环节，制作人经常遇到的难题是，如果作者不能接受修改的理由，就不会进行再创作。因此，就修改内容及其原因与作者对话，成为审稿人的艰巨任务。

建议书的完成涉及审稿人的 3 项主要能力：文字能力、技术能力和沟通能力。文字能力不仅指准确、简洁、清晰的表达能力——确保作品的内容能够让人看懂，而且包括鉴别能力——能够对作品的文字表达做出判断，并且熟悉各种风格的写法。

技术能力主要是对作品的体例、形态的判断力。这里的技术不是指识别错别字、校订注释之类的所谓技术，而是指具有创造性的技术。体例就是一种创造。比如一篇 PPT，应该包含哪些要素，如何组织和展现它们，都颇费心思。形态创造也是如此。比如一本书稿，有经验的审稿人会考虑如下问题：篇幅多长合适？版式如何为佳？是否需要图片、彩插、四色印刷？是否需要配上索引、PPT 甚至案例库？等等。诸多细节的选择会影响成品质量。

沟通能力自不待言，只要制作流程涉及他人，沟通就是基本功。比如，图书制作的流程复杂烦琐，责任编辑几乎要跟出版社的所有部门打交道，如何确保图书又好又快地生产出来？只有依靠及时、准确、平等的沟通。高质量沟通需要的不只是技巧，更重要的是良好的人际关系。这一点，适用于任何场景。

审稿人的这 3 项能力都来自稿件处理的实践经验。不要轻易地否认一份稿件或一件作品，其实，面对所谓"烂"稿恰恰是能力提升的时机。认真对待每一件作品，改善作品的过程也是能力提升的过程。日积月累，审稿人便如技艺精湛的工匠，有真功夫"加持"，从而有了无可替代的优势。

策划人：产品经理

从市场角度策划和生产作品，是策划人的主要职责。这意味着双重转变：一是从以作者为中心转向兼顾作者与读者；二是从稿件制作转向产销结合。

最能体现策划人能力的成果表现为策划案——包含了知识产品的定位、特色与执行的详细方案。具体来说，策划案至少包括以下 3 个方面的内容。

首先，产品定位。定位回答"是什么"的问题。该问题的答案绝非如内容提要那样简单，理想的状况是找到 3 个要素——市场趋势、读者需求、竞品区隔的交汇点。

也就是说，如果市场空间大、符合读者刚需、具有独特价值，那么产品极有可能成为现象级产品。但现实很"骨感"，知识产品的定位太过主观，令人难以捉摸。比如，关于读者需求，众口难调；关于作品优劣，众说纷纭。因此实际操作中，产品定位需要锚点，才能确定、可控。

有两个"锚点"较为常用。一是关联定位，即寻找某一领域的知名产品，立为标杆，使新产品与之发生关联。如常见说法"××领域的宝典"，就是强调新产品的权威。也可以进行对立定位，"适合孩子阅读的《论语》"，隐含意思是《论语》是成人读物，而本书是少儿读物。二是作者声誉。知识产品极度依赖创作者的影响力，古今中外莫不如此。作者声誉体现了知识创作的规律：只有持续提供有影响力的作品，才能建立起声誉。这里的"有影响力的作品"专指原创——差异化的、独特的洞见与新知。出于知识的主观性，作者可以通过传播提升声誉。在互联网时代，作者完全能够"一本"成名，只要平台大力宣传。只不过，被制造出来的名声无法持久，容易被新人替代。反之，默默耕耘、腹有诗书的作者有可能因为不会传播而湮没无闻。说到底，作者声誉代表关于某个话题（知识产品），他有资格发言。

其次，内容特色。无论身份如何变化，内容始终是制作人的关注焦点。与审稿人不同，在策划人眼中，内容特色的判断标准还有读者偏好这个维度。偏好是个不确定的要素，一方面读者各有各的喜好，另一方面喜好本身也处于变化之中。因此在操作层面，对偏好的确定往往从竞品入手。前文提到的"大家写小书"就是经典案例。"大家写大书"是通常方式，"大书"成就了大家，读者变得"小众"。让知识权威写大众读物，既降低了"大书"的艰深程度，也拓宽了读者范围。两者的内容特色也由此泾渭分明："小书"应尽可能减少"大书"的那种复杂的术语、理论、逻辑乃至体系，选用故事、常识等组合成简单有趣的作品。

打造内容特色颇具挑战。在同质化日趋严重的时代，策划人仅仅熟悉某个领域的知识产品已经不够，应到其他领域甚至其他行业找寻灵感。例如，眼下流行的各类知识产品如讲书、音频课，几乎都是对媒体产品的借鉴与复制。不同的媒体形态、传播方式、用户类型，极深地影响到内容的选择与呈现方式。

在策划案中，内容特色被概括为"独特卖点"——正是卖点将本产品与其他产品区分开来。按照经典广告理论——USP（独特销售主张）的逻辑，有效的卖点有两个特征：卖点是指不同，而非更好；卖点不要多，一个就够了。

最后，实现方式。策划案不是用来看的，而是用来做的。产品定位与内容特色的实现，依赖于制作人能够调用的资源以及自身的能力。对制作人来说，最重要的资源是作者，最重要的能力是执行力。在特定时间内又好又快、保质保量地输出产品，是制作人的目标。

设定明确目标是实现方式的第一步。目标既是明确做事的方向，也用以评估阶段性的成果。比如图书制作，在不同的节点会产生不同的成果：选题、样章、初稿、定稿、校样、付型样、成书、重印书、长版书等。通过给成果设定时限，就得到了实现方式的第二步——时间表。成果的取得取决于资源投入与行动计划，如果投入更多的人、财、物，以团队协同的方式推进制作进程，通常效率更高、质量更好。第三步是将时间表转化为行动计划，产生成果。行动计划的核心是流程与人员的组合，即 4 个"什么"：什么人做什么事，在什么时间完成，达到什么结果。有了目标和资源，限定了时间，一个行之有效的计划将决定最终的成果。

对实现方式的忽略，是导致策划案流于形式、缺乏成果的主因。其实，做一个所谓"完美方案"并不难，难的是将方案变成实际成果。两者之间的距离就是执行力：强有力的执行可以为方案增色，虚弱的执行让方案落空。因此，有经验的策划人必定是行动者，用成果驱动目标实现。

策划案是知识产品制作的路线图，包含了从选题开发到营销传播的全流程。策划人既是总指挥，也是执行者。策划人不仅要承担其中大部分环节的工作，有时还要求助别人或者教导别人。路线图并不是实际操作手册，而是工作指南，保证知识产品不偏离道路。实践中会发生各种状况，策划人只能因地制宜，因势利导，以现实条件为准。

策划人的 3 项核心能力是形成策划案所必备的：产品定位与营销传播，需要良好的市场眼光；内容特色及其创作呈现，需要优秀的策划能力；资源获取、流程控制，需要有效的执行能力。有此三者，策划人化身为产品经理，在作者与市场、规划与落地之间搭建起一个制作机制，不断创造优质产品。当制作规模扩大，涉及更多产品和更多人员时，策划人就变成经理人。

经理人：商业系统创造者

在传统的报业或影业中，真正作决策的那个人被称为"发行人"，其实就是总经理，对整个公司负责。坐到经理人这个位置，制作人的身份发生了根本转变：从一个人独自战斗到带领一群人奋斗，以实现一个更加长远的目标。

这个长远目标称为愿景，旨在回答"我们未来成为什么"。比如，跨越 3 个世纪的商务印书馆于创立初期立下愿景"昌明教育,开启民智",出版了《辞源》《新华字典》《现代汉语词典》《牛津高阶英汉双解词典》,以及"汉译世界学术名著丛书"等,教育了一代又一代人。到了 21 世纪,商务印书馆更新了愿景的表达:服务教育、引领学术、担当文化、激动潮流。难能可贵的是其对出版人的界定:我们是文化建设者,而不仅仅是商人;我们提倡实事求是,而不是夸张和误导;我们提倡社会责任,而不是攫取社会财富;我们提倡首创精神,而不是盗取他人成果;我们培育名牌,而不是捕捉猎物。

带领一个机构实现愿景,意味着制作人需要拥有 3 项能力。其一,拥有战略视野。跟策划人相比,经理人需要看到更大、更远、更深的图景。作为战略洞察者,经理人必须放下小我、短期、功利的计算,做长远布局。其二,拥有整合能力。为了实现战略目标,经理人必须将人、事、物、财组织起来,形成商业系统——一个拥有结构、机制、规则、冲突的体系。作为整合者,经理人要清楚,最终的成果不由自己决定,而由系统决定。其三,拥有领导力。当经理人清醒地意识到系统比自己更重要的时候,领导力就会产生:领导力作用于人员而非事物,强调助人而非利己。作为领导者,经理人还需将他人纳入"自我",坚持整体优先。集体力量、群策群力,都取决于经理人的态度:为了自己还是为了他人?若为了自己,绝大多数人都会为了钱而行动;若为了他人,所有人将拥有使命。从这一刻起,运作系统就有了生命力。

如何创造卓越的商业系统?这里将借用韦尔奇的商业智慧。在《商业的本质》(*The Real Life MBA*)一书中,韦尔奇提出了一个框架,简明有效,如下图所示。

　　商业系统首先应被视为人的集合，这奠定了商业的第一原则：群体能在多大程度上被整合，决定了商业系统的有效程度。韦尔奇认为，第一原则由两股力量决定：一股是领导力，将图中纵向维度的使命、团队与成果连接起来；一股是协同力，将决策、行动和关系连接起来。商业系统的运行，主要看两股力量对于核心因素——团队行动的影响。

　　这幅图清晰地展现了经理人的四大任务：战略规划，连接使命与行动；战略执行，连接行动与成果；决策机制，做"正确的事"连接使命、行动与成果；关系维护，选"合适的人"连接使命、团队与成果。

　　首先，战略规划：连接使命与行动。使命旨在呈现终极目的，即我们（企业或群体）的存在是为谁提供什么价值。这个问题的答案并不是想出来的，而是练出来的，是在成败进退中生长出来的，是用实际成果堆出来的。

　　从使命到团队行动，需要一个个里程碑来证明使命不虚。这些里程碑就是战略规划。战略规划涉及3个平衡：企业内部与外部环境的平衡，企业实力与市场机会的平衡，短期利益与长期目标的平衡。一个典型案例是知识平台与传统出版社的区别，首先体现在战略规划上：知识平台谋求公司快速扩张，上市变现；传统出版社注重产品积累，稳健增长。"发大财"与"小日子"，形成截然不同的两种文化：互联网平台创建了一个"投资扩张 - 网络聚合 - 不断融资"的快增长循环；出版社则维持着"小投入 - 多产品 - 少利润"的慢增长循环。

没有战略行动，战略规划就是一纸空文。没有战略规划，战略行动就是一盘散沙。只有将二者结合起来的战略才是务实有效的战略。

其次，战略执行：连接行动与成果。执行是围绕流程建立的体系，按照拉姆·查兰（Ram Charan）的说法，战略执行包含 3 个相互关联的流程——人才选育、战略制订、运营实施。简言之，就是正确的人做正确的事。

流程即一系列的任务（事），如何组合这些任务，决定了输出效率，用传统指标质量、成本、时间（QCD）来衡量。决定效率的另一个要素是人员——人的动力、能力、态度、收益等都直接决定做事的效率。

怎么有机地融合人与事，取得更大的成果？答案是建立 3 个方面的机制：流程制、沟通机制以及激励机制。流程制前面提过，是以价值活动为主线打通组织内外的形式，旨在获得适应环境的能力。

沟通机制是驱动流程的关键机制。企业需要一条信息高速公路，让生产要素流动起来。卓越公司的商业系统都有发达灵敏的沟通网络，如神经系统遍布组织内外。来自各方面的信息汇聚至组织网络中，经由特定的沟通制度输出指令。沟通制度通常按照议题、时间、形式、人员有节奏地、有层次地展开。战略会议至少一年两次，然后有季度、月度会议，甚至周会。快节奏的互联网公司往往一日两会：早一次，晚一次。有人说管理即沟通，一点不假。

激励机制能够有效地驱动人员。只要是营利机构，现实利益永远都是第一推动力。比如，权责利是否对等，承诺能否兑现，奖罚是否公平，有没有发展空间等，都是激励机制的关键命题。激励机制的最大障碍往往来自"个人好恶"，只有通过"三公"规则——公平、公正、公开，将个人意志关进笼子，激励的效用才能实现。否则，"按下葫芦浮起瓢"，永远都摆不平利益分配。卓越的商业系统还致力于文化境界的提升——向员工强有力地输出使命、愿景、价值观，将员工带离功利层次。

再次，决策机制：做正确的事。从战略规划到战略行动，决策无处不在。现实中，决策的困境在于，决策正确与否，需要实践验证。换言之，决策在先，行动在后。如何事先知道决策是否正确呢？方法是决策过程。决策并非一个只能进行一次的选择，而是一个连续进行、持续修正的过程。比如，前文介绍过的产品迭代法，就是快速测试、快速改善的决策机制，建立一个产品-用户的交互机制，可以大幅提高决策的准确性。

没有完美无缺的决策，却有不少提升决策效率的方法。科学决策与经验决策就是这样的两种方式。科学决策强调决策数据的有效性、流程的严密性以及方法的规范性。做决策就像做实验，可以证明、证伪和预测。比如，商学院和咨询公司就是科学决策的忠实粉丝。但是，如果变化快、竞争强、实力弱，制作人（机构）耗不起科学决策所需要的时间和成本，经验决策就变得非常重要。经验决策≠拍脑袋决策，后者完全是盲目的。

研究证明，许多商业领袖并不迷信所谓科学决策，更多采取经验决策方式，科学数据只是辅助手段。他们更加相信自我修正、自我调整的决策机制。比如，桥水基金的创始人达利欧（Dalio）就竭力倡导"极度开放的沟通方式"，通过多方征询意见，调整决策，达成共识。

不得不承认，与新兴知识平台相比，多数传统机构的决策方式过于陈旧了。远离市场、自上而下、缓慢迟钝是其基本特点。而平台凭借海量数据、机器学习算法，已经发展出实时决策、即刻响应的商业智能。传统机构如何与这样的互联网"神兽"争锋？

最后，关系维护：选合适的人。选对人，是做好工作的第一步。什么人是合适的？传统企业的常用手段是人岗匹配，通过价值链分析，确定好岗位的职责与能力，再来找相应的人选。为此，HR 开发了各种模型、工具来确定人员的胜任力。这样的选人方式有致命的弱点。首先，人是复杂、多面、不断成长的主体，用岗位的能力模型去寻找完全符合的个体，简单粗暴。其次，岗位本身也在变动，如何保证岗位模型是对的呢？让鲜活的人员适应僵化的岗位，将损耗而不是释放人才的创造力。

弥补这一缺陷的方法是团队运作，即，将人与人的匹配作为选对人的重要标准，进而淡化岗位影响。在互联网公司，组织设计中的一个主要原则就是去官僚化——层层叠叠的岗位、部门设置导致各自为战，互不配合，从而失去敏捷响应能力，这是要命的事情。团队运作，一定程度上解构了岗位的领地意识，由大家共同承担职责，实现一致目标。

由独立个体成长为团队成员，最重要的是通过开放真诚的沟通，营造出相互信任的氛围。作为团队领导者，经理人的挑战在于消除自我意识，尤其是"老板"意识与管理做派。"老板"意识是一种凌驾于他人之上的优越感，管理做派则是"我说你做"、发号施令的强势风格，它们造就的是团伙，绝非团队。只有经理人能够放下身段，由衷地感受到集体的力量，并通过行动植入利他合作的价值观，团队才会形成。

前面的框架图显示，商业系统的有效运行来自各个要素的紧密连接，重中之重是团队行动，由此可见，经理人的核心任务是塑造团队。

结语　用使命感赋能事业

知识制作人需要使命感，将事业坚持下去。南怀瑾先生对《西游记》的解读意味深长：唐僧师徒四人分别代表什么呢？孙悟空代表不受控制的意识，猪八戒代表强烈的欲望，沙和尚代表负重的身体，听命于师傅唐僧——而唐僧代表使命。拥有使命感的制作人，能够一心一意，抵挡诱惑，不辞辛苦，为事业奉献。

中国现代出版业中，堪称楷模者当数邹韬奋。在不到半百的人生里，他创报刊、开书店、做图书，且每做必成，是百年来将书报刊整合出版的第一人。在遗言中，邹韬奋写道："倘能重获健康，……如时局好转，首先恢复书店，继办图书馆与日报，愿始终为进步文化事业努力，再与诸同志继续奋斗二三十年！"韬奋先生创办的三联书店如今仍在，"店格"是季羡林先生归纳的八个字：清新、庄重、认真、求实。

开店有"店格"，做人有人格。所谓格，品格而已。区区二字，重若千钧。若无使命感，何来品格？品位与格调，源自使命，成于产品。三联书店何以自称"具有悠久历史和光荣传统"，被誉为"中国知识分子的精神家园"？这是因为在它创立之初，有顶级知识制作人邹韬奋，有大批优秀作者，有那个时代最好的周刊、图书。

一家制作机构或一位制作人的品格由产品呈现。有何种产品，就有何种品格。对产品的评价，不仅有算法，更有口碑，而时间则是最有力的指标。那些能够跨越时空、长盛不衰的作品，应为知识制作人的毕生追求。

经济利益非但不是品格的障碍，反而是品格的翅膀，但有一个前提：拥有使命感。好书一定是好生意，好生意未必是好书，拥有使命感就会选择前者——在品质与生意之间，永远品质优先。

知识行业正处于大变局时代。如果立志成为知识制作人，那就将知识制作当成人生修炼吧。